欠发达地区数字乡村建设研究

——以河北省张家口市为例

秦树文 等 著

中国农业出版社

北　京

　　本书为河北省社会科学基金项目"基于空间结构的京津冀文旅融合发展对策研究"（HB21SH008）、张家口市社会科学界联合会决策咨询委托研究项目"乡村振兴战略背景下张家口数字乡村建设路径优化研究"（ZX 202205）的研究成果。

著 者 名 单

秦树文　王春霞　杨义风
王永强　刘丹丹

前言 FOREWORD

　　作为数字中国建设和乡村振兴战略实施的最佳结合点，数字乡村建设通过将信息化、网络化、数字化技术与农业生产、乡村治理、农民生活深度融合，在促进农业全面升级、农村全面进步、农民全面发展方面展现出强劲态势，是乡村振兴的战略方向，也是建设数字中国的重要内容。2019 年以来，国家及相关部门陆续发布《数字乡村发展战略纲要》《数字农业农村发展规划(2019—2025 年)》《数字乡村发展行动计划（2022—2025 年)》《数字乡村建设指南 1.0》《数字乡村标准体系建设指南》等政策推动数字乡村发展。大力发展数字乡村不仅仅是政策导向，更是解决欠发达地区经济落后、城乡发展不均衡等问题的有力抓手。对于欠发达地区来说，由于机会缺失、信息不对称等原因而造成发展缓慢或者发展停滞，缺乏必要的基础设施、资金、科技资源等要素支撑，尤其是农村地区生产率较低，生活水平较差，对农业生产和初级农产品高度依赖，对外开放程度低，第二、三产业发展相对缓慢，数字乡村建设难度大、任务重。

　　鉴于此，在乡村振兴和数字经济战略实施的大背景下，本书基于乡村建设、数字经济、城乡一体化相关理论，构建欠发达地区数字乡村建设优化路径的理论框架，基于典型案例，分析了欠发达地区数字乡村建设的现状、问题及实现路径，从实践上为欠发达地区的数字乡村建设提供相关政策建议，为乡村全面振兴战略的实施提供可操作性建议。本书可供农业高等院校、农业管理部门和农户参考。

著　者

2024 年 9 月

目 录 CONTENTS

第三章 ● 欠发达地区数字乡村建设现状分析

第八章 ● 欠发达地区数字乡村建设路径优化典型案例：以河北省张家口市为例

第一章 引言

一、研究缘起

党的十八大以来，党中央高度重视农村信息化建设。2018年中央1号文件首次提出"实施数字乡村战略"。2019年中共中央办公厅、国务院办公厅印发《数字乡村发展战略纲要》，界定了数字乡村的内涵，明确了建设的重点领域，提出到2020年数字乡村建设取得初步进展。数字乡村建设在农业现代化发展过程中的作用越来越大，重要性也愈发显著。在数字中国建设与乡村振兴战略实施的交汇处，数字乡村的发展扮演了至关重要的角色。该进程将信息、网络和数字技术与农业的生产活动、乡村的治理体系以及农民的日常生活方式紧密结合。这种深度整合在推动农业和农村地区的质量提升、效率提高以及为农民赋能方面显示出显著的潜力，是数字中国框架下不可或缺的组成部分。

在中国农业转变生产方式、转换增长动力的关键时期，探究数字乡村建设对促进农业转型升级、农业现代化的进程具有显著的现实价值。数字乡村战略的实施不仅是持续推动脱贫区域乡村振兴的关键行动，也是加快农业农村现代化进程的重要手段，还是推动数字中国建设的必然路径。对于欠发达地区来说，由于机会缺失、信息不对称等原因造成发展缓慢或者发展停滞，缺乏必要的基础设施、资金、科技资源等要素支撑，尤其是农村地区生产率较低，生活水平较低，对农业生产和初级农产品高度依赖，对外开放程度低，第二、三产业发展相对缓慢，数字乡村建设难度大、任务重。对于张家口市来说，农村发展落后、农村人均收入低于河北省内平均值，做好巩固拓展脱贫攻坚成果同乡村振兴有效衔接工作任务异常艰巨是张家口市长期面临和亟须解决的问题，而数字乡村建设以其强劲的技术优势驱动农业农村现代化、为实现乡村全面振兴提供有力支撑。自数字乡村战略提出以来，张家口市积极推进基础设施建设、农业生产数字化、农产品电子商务和农业大数据建设，数字赋能乡村振兴的积极作用有力彰显，如张北县郝家营乡开创坝上设施农业数字化先河、万全区宣平堡乡启动"乡信"治理平台、涿鹿县东山村成为全省首个"数字人民币应用试点示范村"。但是，张家口市很多地区仍存在基础设施建设薄弱、数据采集利用和平台整合不足、示范引领作用不明显、农业产业形态单一且规模偏小、村民数字素养不足、乡村治理能力薄弱等诸多共性问题，导致建设路径存在梗阻。除共性问题外也存在个性问题。

张家口市农村地域辽阔，总体发展较慢、资源禀赋差异明显，在数字乡村建设路径中呈现不同的障碍，应分类开展工作。基础设施建设是开展数字乡村建设的关键，也是首要部署安排的工作内容，如何在全市要素紧缺的情况下推动基础数字乡村建设，深入推进试点建设工作、以点带面，全面激发数字动能，是政府需要考虑解决的问题。国家重视农业农村现代化和信息化建设，因此，如何借助乡村振兴战略的大背景，通过怎样的发展路径推动数字乡村建设，数字乡村建设如何助力乡村振兴是值得探讨和研究的话题，是现实发展需求和重要方向。立足张家口市乡村现实情境，如何进一步优化路径，真正释放数字乡村建设在乡村振兴实践中的优势是工作的难点也是重点。基于此，本书就张家口市数字乡村的建设路径如何进一步优化，扎实推进乡村振兴展开研究。

二、国内外研究动态及评述

（一）国内外研究动态

国内外学者对数字乡村建设的研究持续进行，涵盖了其内涵、价值、核心内容、面临的挑战、发展途径以及评估机制等多个维度，基础性研究成果较为丰富。从数字乡村的内涵、数字乡村建设要素、数字乡村建设作用、数字乡村建设问题和数字乡村建设路径来看，主要有以下内容和观点。

1. 关于数字乡村内涵的研究

《数字乡村发展战略纲要》对数字乡村的含义进行了界定，"数字乡村是伴随网络化、信息化和数字化在农业农村经济社会发展中的应用，以及农民现代信息技能的提高而内生的农业农村现代化发展和转型进程"。从与乡村振兴关系的角度来看，数字乡村建设是实现乡村全面振兴和农业农村现代化的新动能和新手段。关于其内涵，田真平和谢印成（2023）基于产业、治理与服务3个关键维度，对数字乡村的发展模式进行了分类。他们提出了3种模式：第一种是数字产业模式，该模式通过数字技术赋予乡村特色产业以新动能，以实现农业产业链的全面数字化转型；第二种是数字治理模式，它利用数字技术优化乡村治理，促进多方主体的协同参与，从而提高治理效率；第三种是数字服务模式，该模式以村民的实际需求为导向，扩展数字服务的应用场景，旨在构建高质量的乡村公共服务体系。此外，他们还指出，数字经济的推动作用、数据要素的利用、产业转型的进程、治理机制的创新以及公共服务的提升这4个方面，对数字乡村的发展具有显著影响。数字乡村是数字经济和乡村振兴结合的产物，依托数字化基础设施，对资本、人才等资源进行整合及配置，以数字技术赋能农业农村建设，进而提高农业生产效率，推进农村经济转型升级，提升乡村治理效能，助力乡村全面振兴，数字乡村内涵主要是数字乡村基础设施、数字乡村发展环境、乡村数字化应用和乡村数字化治理（张鸿和王璐，2023）。

从数字化进程角度来看，吕新业和刘蓓（2023）提出，数字乡村的发展是农村数字化进程的成果。他们将数字化进程划分为3个层次：信息数字化、业务数字化以及数字转型。数字转型阶段被认为是驱动传统产业革新和升级的关键时期。在他们看来，农村地区的数字化标志着农村信息化进入了一个新的发展阶段，其核心在于实现农村数字基础设施、数据资源、数字产业化、产业数字化以及治理数字化5个关键领域的优质发展。周兵等（2023）指出，数字乡村的建设与发展是互联网技术、信息通信技术和区块链技术等先进技术在农村地区应用的结果。他们强调，提高农业全要素生产率是乡村振兴战略的核心和基础，也是数字乡村建设的关键着力点。数字经济对乡村产业振兴的赋能作用体现在将数据作为核心生产要素，以数字技术为主导动力，以现代信息网络为平台，实现数字技术与乡村产业的深度融合。通过这种融合，数字技术创新的扩散效应、信息与知识的溢出效应以及数字技术带来的普惠效应得以充分发挥，进而推动乡村产业向高质量发展迈进。

从农业生产经营和乡村治理角度来看，数字乡村建设通过提升乡村产业的生产经营效率、改善乡村产业的生产经营效益、优化乡村产业结构、促进乡村产业创新变革来赋能乡村振兴（马改艳等，2023）。数字乡村建设包括数字乡村治理，其目标是将数字信息技术嵌入到乡村政治、经济、文化、社会、生态与党的建设各领域，以提升数字乡村治理效能，达到从横向上助推数字中国建设，纵向上分阶段逐步达到全面建成数字乡村的最终目标（杨志玲和周露，2023）。

还有学者认为数字乡村建设本质是以改造升级农村信息基础设施建设为基点，以发展数字农业为起点，以满足农民新时代生产生活需求为重点，以全面实现农业农村现代化为目标，最终实现用"数字"服务"三农"这一根本目的，是传统乡村数字化转型、数字赋能的过程（赵成伟和许竹青，2021）。霍鹏等（2023）提出，数字乡村是数字经济、农业经济和乡村治理等规则在农业和农村领域具体实施而形成的，这些规则基于算法、模型和数字终端等技术。数字乡村是新一轮科技革命与农业及农村的生产、生活、交易和治理等方面深度融合的结果。从本质上讲，数字乡村可以被视为一系列农业和农村数字平台及数字产品的集合体。

2. 关于数字乡村建设要素的研究

数字乡村建设的重点离不开关键要素的作用。现有文献多从"三农"领域中的某一部分入手来阐述数字乡村建设中的要素作用。夏显力等（2019）认为数字乡村建设对乡村振兴的驱动可以通过助推农业智能化、助推乡村治理精准化、助推村民技能培训自主化来表现。在农业现代化的进程中，农业信息化扮演着推动农业技术革新的关键角色，它对于提升农业全要素生产率及推动农业技术的发展具有显著影响。（朱秋博等，2019）。在生产端，可以降低农业生产成本（刘海启，2019）、缓解主体间的信息不对称、提高生产要素的集约化程度（易加斌等，2021）。在消费端，可为农户提供农产品价格和销售等市场信息（聂召英等，2021），实现农业交易服务环节的互通互融（夏显力等，2019），有效规避农业经营风险（杨丽君，2016），进而赋能乡村振兴。外来干预可能削弱农村地区的自主发展能力，这种干预往往未能充分考虑当地的文化和生态等非经济要素，结果可能导致农村地区在发展过程中失去主导地位，进而遭遇角色错位和功能异化的挑战。

从数据要素来看，数字经济通过将数据要素、数字产品、数字化思维纳入到农业生产、农民生活和农村政务服务中，为实现乡村振兴提供数字化动力（陈雪梅和周斌，2023）。数字乡村的构建强调了数据要素在农业和农村经济社会发展中的重要性日益增加，这激发了基于数据的创业和创新活力。首先，数字技术的应用显著提高了基层政府在提供政务服务和公共治理方面的效能。其次，它推动了村民自治向网络化、数字化和智能化的转型，从而促进了基层民主治理的现代化（李丽莉等，2023）。最后，数字乡村的建设通过增强对农业的信贷支持和推动农业研发投资，间接地促进了农业经济的增长（杜建国等，2023）。

从数字技术要素来看，数字技术作为一种典型的通用技术，在不同领域提供技术支持，将数据要素纳入生产全过程，跨行业整合信息，优化产业链，实现社会面资源共享。数字乡村通过土地、劳动力与设备等具体环节提高总体效率，减少运行与交易成本，实现资源配置效益最大化（赵星宇等，2022）。数字技术能够有效提高信息透明度，推动信息共享（唐文浩，2022），智能生活方式能够以较低的边际成本促进更广泛的高质量资源的共享（殷浩栋等，2020），能够提供便捷的健康管理服务和丰富的乡村文化（苏岚岚等，2021；冯朝睿等，2019），等等。数字技术的应用有效拓宽了农村地区获取教育、文化和医疗资源的渠道，使农民不同类型收入增加，家庭消费水平提高，农民数据素养提高，精神文明丰富（齐文浩等，2021；刘子兰等，2018；谢文帅等，2022），促进了农民全面发展，进而赋能乡村振兴。

从其他方面要素来看，数字乡村的构建旨在促进城市的信息、技术、网络和人才等多样化资源向乡村地区转移，以加速实现城乡资源的均衡配置。首先，它旨在推动数字资源向乡村地区扩展，将物联网、人工智能、大数据等新一代信息技术整合到乡村经济的发展之中，实现农业资源的高效整合，并推进乡村产业的数字化转型。其次，它鼓励科技创新要素在城乡间的自由流动，通过数字化手段在产业创新中的广泛应用，加强产业链各环节的互联互通，消除城乡科技创新要素流动的障碍。这有助于挖掘不同地区和不同类型农村的特色与优势，有效连接创新的供需双方，进一步激发农业和农村的创新潜力，推动乡村的高质量发展。

3. 关于数字乡村建设作用的研究

数字乡村建设可以促进农业现代化发展和农民增收。从促进农业现代化发展来看，首先，数字乡村战略的实施有助于凸显数字技术在农业生产中的经济效益，促进现代农业产业体系、生产体系和经营体系的快速构建。理论上，数字技术客观上有着推动农业生产发展、乡村治理变革以及农村生活智慧化的内在逻辑。在实践中，数字技术的应用，有利于以信息流带动技术、资金、人才、物资向农村集聚，在城乡之间优化配置劳动力、土地、资本、技术、数据等资源（唐文浩，2022）。其次，农业信息化作为农业技术进步的重要驱动因素，会推动农业生产方式的转变、促进农业全要素生产率的提高，使农业信息能快速渗透到各个生产环节，资源得到高效配置，打破农村劳动力市场信息不对称的障碍，提供更多就业机会，提高农业技术效率（朱秋博等，2019）。再次，智慧农业作为乡村数字经济的重要内容，有利于降低生产成本，提高农业生产效率，降低农业生产的成本投入，解决市场信息不对称问题，提升农业生产地区的社会文化价值和农业的生态功能（李伟嘉和苏昕，2023）。最后，在数字乡村背景下，资源要素也发挥了重要作用，劳动力要素能精准匹配供需，实现分布式就业；资本要素能让金融回归服务实体本源；技术要素能提升技术应用广度和技术实用价值；数据要素能缓解需求与碎片化供给矛盾，其共享配置特性还可兼顾效率与公平（武宵旭等，2022）。

从推动农民增收方面来看，数字乡村的建设通过将数字服务整合进农民的日常生活，并在乡村治理中引入数字化理念，以此推动农民的收入增长。数字乡村建设使人力资本的正外部性得到扩散，在农民增收的过程中发挥重要的调节作用（朱喜安和王慧聪，2023）。新型经济发展模式，如"淘宝村""直播带货""电子商务"，正逐渐提高村民的收入水平。数字技术的普及效应能够深入乡村社会，从而有效提升村民的经济福祉（郑永兰和周其鑫，2023），数字乡村建设能够分别通过发挥信息红利、技术红利和资金红利促进农民增收，农业服务业的创新发展促进农业服务机构与农户的顺畅对接，物联网、大数据、人工智能等发展可以为农民创业提供技术层面的支持，促进农民增收（张岳等，2023）。

数字乡村建设可以促进资源高效配置，提升农户的信息获取能力，提高生产经营决策的准确性，为农业和二三产业的融合发展提供平台和技术支撑，可显著缩小城乡收入差距（李波和陈豪，2023），通过政府支持、金融发展促进农民农村共同富裕（王中伟和焦方义，2023）。数字基础设施的建设，以及经济、治理和日常生活的数字化转型，是推动农民增收的主要途径（丁建军和万航，2023）。

从提升公共服务质量的角度审视，数字乡村的构建代表了新一代信息技术在农业和农村领域的深化应用。这一进程基于农业和农村的大数据资源，利用数字技术推动传统农业的转型与升级，同时通过现代信息技术优化乡村治理和提升公共服务的质量。此外，数字创新还旨在增强农民的现代信息素养与技能，为他们的日常生活带来数字化便利（赵成伟和许竹青，2021）。

从城乡关系角度来看，数字乡村的建设有助于缩小城乡间的数字差异，推动数字基本公共服务的均衡化，缓解城乡发展不均衡的问题，并促进农村发展的全面性。此外，数字乡村的建设还能促进国内经济循环的顺畅，推动农村产业的有机整合，确保城乡之间的信息、产品和资金流动畅通无阻。数字乡村的建设以促进系统化、智能化和集约化的乡村数字化转型为发展方向，以数字技术和数字经济的发展为支撑，有利于数字技术在农村的扩散和提升数字技术的使用强度。提升农业生产的技术层次对于推动农业和农村发展的质量、效率和动力变革至关重要，有助于实现农业发展目标、向创新驱动的"绿色高效"和"可持续发展"方向的转变（赵成伟和许竹青，2021；孙久文和张翱，2023）。

从农业和农村信息化角度来看，信息化进程通过推进农业全产业链的数字化转型，使农业生产前、中、后各阶段在数字技术的支撑下实现高效协同发展，构建起全产业链的大数据体系，从而增强农业产业链的整体竞争力。同时，农村的全面数字化发展能够促进数字工厂、农村电商、普惠金融和乡村治理等关键领域的协调进步，产生数字技术的扩散和叠加效应。这使得数字技术对农业、农村和农民的赋能作用从单一和局部的赋能转变为多维度和整体性的赋能（李丽莉等，2023）。关于数字乡村建设的作用机理，陈雪梅和周斌（2023）认为，数字经济通过供需结构升级推动乡村产业发展，通过市场培育激活乡村生态价值，通过内化融合提升乡风文明，通过联动融通赋能乡村治理。

4. 关于数字乡村建设问题的研究

数字乡村建设中数据安全、农民数字素养、协同治理问题、乡村数字化也会带来潜在风险（孙久文和张翱，2023）。很多地区在数字乡村发展中"各自为战"，导致基础设施建设衔接不畅，各项资源合作互补不足，缺少有效的发展模式，人才缺口较大，制约规模化发展，地区之间的发展水平存在较大差异（张瑜等，2023）。当前，我国数字乡村建设面临若干挑战，包括乡村数字基础设施的不完善、农业科技创新体系的滞缓发展、农业数据要素市场体系的不成熟，以及复合型人才的短缺（马改艳等，2023）。此外，数字鸿沟问题尤为突出（沈费伟等，2021），表现为居民在信息生成、获取和使用方面的不平等（吕普生，2020），而信息投资、设备、消费和能力方面的差距进一步加剧了这一鸿沟（陈潭等，2020）。人才、科技、技术呈现多重赤字是数字乡村建设的主要瓶颈（陆九天等，2021）。

因此，基础设施建设薄弱、信息化人才缺乏、村民数字素养不足等，是数字乡村中存在的普遍实践障碍（冯朝睿等，2021）。另外，数字供给与现实需求分离、数字资源禀赋先天不足、数字治理主体缺位严重、数字治理情感"温度"缺失（杨志玲和周露，2023）。夏显力等（2019）认为，数字乡村建设资金需求量大，但是对数字乡村建设的投入缺口大；乡村人口结构与村民信息素养难以适应数字乡村建设的需要；科技创新供给少，缺少数字乡村科技支撑的顶层设计；政策体系不健全，数字乡村立法相对滞后，数字乡村网络空间有效监管存在不确定性。陈雪梅和周斌（2023）认为当前数字乡村建设的困境有农民数字化素养不高，技能型人力资本短缺，产业发展缺乏内生动力；数字经济平台垄断和数据要素参与分配加大城乡收入差距；公共服务质量有待提升，基础设施薄弱；乡村数字治理存在赤字和治理能力不足。

目前的工作误区之一是工作重心落在硬件设备上，过分看重硬件设施的配置，部分区域在规划工作重心和资金分配时，主要关注数字硬件设备的购置，而忽视了相关服务的整合与配套，也没有建立清晰有效的运营和维护机制。二是数字形式主义滋生蔓延，背离了数字乡村建设的深化改革逻辑，会成为全面深化改革的新障碍。三是公共资源的配置不均衡，那些基础设施较为完善的地区和村庄往往更有可能被选作示范或试点单位；相反，那些起点较低、资金配套能力较弱的地区则较难获得公共资源的倾斜。四是过分依赖运营商的服务，未能以村民的实际需求为出发点，也未能有效促进村民的积极参与（李丽莉等，2023）。

开展数字乡村建设的难点一是基础设施缺位；二是双向平衡缺失，基层数据收集与传送体系不完善，农业生产层面的信息与技术服务体系尚不成熟；三是主体力量缺乏，缺乏人才支撑（赵星宇等，2022）。

5. 关于数字乡村建设路径的研究

数字乡村建设要通过提升农民素养、加快推进农村基础设施建设、大力发展农村数字普惠金融、以数字技术赋能乡村治理来进行（陈雪梅和周斌，2023）。数字乡村建设的根本在于促进数字资源的共享，其实施策略应基于实际需求，发挥地方特色；其核心目标在于释放数字经济的红利，确保惠及所有农村。吕新业和刘蓓（2023）认为，数字乡村建设应以夯实物质基础为支撑，构建多主体资金投入体系；以优化顶层设计为保障，持续完善总体治理框架。

在考虑农村区域特有的资源和功能价值时，将数据视作一种新的生产要素，并将其整合到生产系统中，这是至关重要的。这要求我们根据各地的具体情况，将数字技术与农业的育种、生产、加工和流通等全产业链环节，以及农村经济、政治、文化、社会和生态文明的各个方面进行深度整合，以实现数字化转型。这一过程本质上是利用数字技术作为外部驱动力，激发农村地区的内生发展动力，对于解决地区发展不平衡和不充分的问题以及实现共同富裕具有重要意义（吕新业和刘蓓，2023）。我们需明确乡村的核心功能和实际需求，并区分其与其他区域如智慧城市的数字化发展规划战略，以确定重点发展方向，提高数字包容性，确保数字化解决方案能够真正解决农业和农村发展中的关键问题（霍鹏等，2023）。数字乡村的建设不仅要提升农民的数字素养，还要增强农村的内生发展能力，使之与智慧城市建设协同发展和良性互动（李丽莉等，2023）；优化治理过程，实现数字乡村治理供需适配；加大资金投入，促进数字乡村治理要素涌动、培育治理素养，确保数字乡村治理主体在位、坚持以人为本，彰显数字乡村治理情感底色（杨志玲和周露，2023）。要进一步推进网络信息基础设施的完善以及与技术单位的合作，政府要加大财政投入，积极引进信息技术人才，推动数字乡村智治建设（陈红，2021）。实现乡村的内源式发展要以地方为重点，要求将当地知识、当地资源和当地人民的参与作为发展进程的核心，注重地方与其所处环境之间的互动和联系。

（二）文献述评

随着学术界持续的研究和探索，数字乡村建设的理论架构已逐渐明晰，不断阐释数字乡村建设的内涵特征、赋能作用以及发展瓶颈，为后续的建设发展提供了深刻的理论基础。但现有研究多停留在理论分析层面，定量研究不足，多从宏观视角对数字乡村建设开展理论研究，就某个区域的定性定量研究，尤其是针对欠发达地区的研究较少，缺乏一定的实践指导性。基于此，本课题拟在系统全面分析数字乡村建设现状的基础上，就张家口市建设路径中存在的问题进行剖析，提出路径优化策略，进而深度助力乡村振兴。

三、研究目标与研究内容

（一）研究目标

基于乡村振兴和数字经济战略实施的大背景，在乡村建设、数字经济、城乡一体化相关理论的指导以及对已有文献和实践的梳理总结下，本书围绕欠发达地区数字乡村建设优化路径的理论框架，界定数字乡村、数字乡村建设、欠发达地区等相关概念，分析数字乡村建设的影响因素，以及欠发达地区数字乡村建设的现状、问题和路径，以期厘清欠发达地区数字乡村建设的理论逻辑，形成欠发达地区数字乡村建设路径优化的理论分析框架。进一步厘清数字乡村建设与乡村振兴的关系，利用恰当的计量分析模型深入分析数字乡村建设的影响因素和重要驱动作用，依据理论研究和实证结果，为欠发达地区的数字乡村建设提供相关政策建议，为乡村振兴战略的实施提供可操作性建议。

（二）研究内容

1. 数字乡村建设理论基础及逻辑框架

深入挖掘关于数字乡村建设的相关理论基础，包括马克思主义者的乡村建设理论、数字经济理论、城乡一体化理论，整理国内外数字乡村建设的实践与启示。并对全书的研究思路、研究方法进行分析和整理，构建了完整的逻辑框架。

2. 欠发达地区数字乡村建设现状及发展水平

在对数字乡村建设研究的基础上，结合欠发达地区的发展特征，进一步通过定性和定量相结合的方法分析该类型区域的数字乡村建设现状，并构建全面、科学的欠发达地区数字乡村发展水平的评价指标体系，利用客观科学的熵值法评价模型进行测度。结合区域特征因地制宜全面系统地评价发展水平，揭示不同区域发展水平差异，挖掘欠发达地区数字乡村发展的影响因素。

3. 欠发达地区数字乡村建设问题及优化路径

综合定性和定量研究结果，对欠发达地区张家口市数字乡村建设问题进行深入剖析，总结数字乡村建设的现实梗阻与实践误区，并结合国内外数字乡村建设的实践与启示，提出张家口市数字乡村建设发展的思路与建议，为欠发达地区的数字乡村建设提供有现实意义、易于操作的实施路径。

四、研究方法与技术路线

（一）研究方法

1. 文献分析法

收集整理数字乡村建设内涵、数字乡村建设要素、数字乡村建设作用、数字乡村建设问题和数字乡村建设路径等方面的国内外文献，对数字乡村建设理论和实践方面的文献进行归纳演绎，形成对数字乡村建设的基本认识。

2. 模型构建法

基于数字乡村建设的作用机制和理论，构建科学的指标体系和定量模型，选取定量分析方法对欠发达地区的数字乡村建设水平进行测度，分析欠发达地区的数字乡村建设水平的差异性。

3. 实地考察法

通过走访张家口市农业农村局、工业和信息化局等多个政府部门，深入了解各级政府部门在数字乡村建设工程中的措施、成效、问题和工作规划等，进一步了解张家口不同区县的数字乡村建设情况。前往当地调研考察多个区县的实际建设情况，进一步了解不同地区的建设现状、问题等。

（二）技术路线

基于数字乡村建设背景，本研究以"欠发达地区数字乡村建设路径探讨"为主题，通过文献分析法及归纳演绎法，重点总结了数字乡村建设的内涵、重点要素、作用、问题、路径等方面的研究成果，构建了欠发达地区数字乡村建设路径优化的理论分析框架，采用定性和定量相结合的方法，对欠发达地区数字乡村建设的现实梗阻和实践误区进行分析，并测度数字乡村建设水平，结合国内外数字乡村建设的实践与启示，提出欠发达地区数字乡村建设路径优化策略。研究的技术路线如图1-1所示。

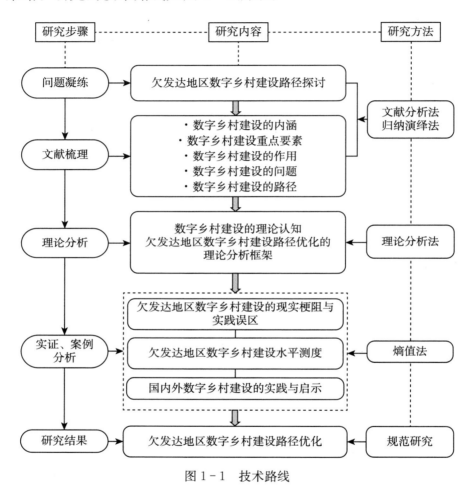

图1-1　技术路线

五、本研究的贡献之处

本书基于新发展阶段的数字经济和乡村振兴的战略目标，构建了欠发达地区数字乡村建设的理论框架，提供了路径优化建议，具有一定的创新性，主要表现在以下3个方面：

（1）研究内容的创新。本书以欠发达地区张家口市为研究对象，在厘清数字乡村发展现状的基础上，通过实地调研、文献研究等方法进一步分析了数字乡村建设对张家口市乡村振兴的赋能作用，剖析了数字乡村建设水平促进经济社会发展的具体表现，以及数字乡村建设存在的梗阻及其原因，并结合本地发展特征，提出针对性的对策建议。

（2）研究视角的创新。本书从"数字乡村建设＋乡村振兴"联动发展的角度，分析推动张家口市数字乡村建设发展问题。在已有研究的基础上，结合张家口市本地发展实际，研究发现数字乡村建设对乡村振兴赋能具有 4 个效应，分别为匹配效应、乘数效应、溢出效应和公平效应。在 4 个效应影响下，张家口市乡村振兴取得了一定发展，但是，现阶段 4 个效应并没有得到充分发挥，存在诸多梗阻。据此提出从资金供给、需求导向、人才培养、宣传引导等方面发展数字乡村建设的建议。

（3）学术观点的创新。本书认为张家口市的数字乡村建设除了存在其他地区具有的共性问题外，还存在比较明显的个性问题。具体而言：一是因人口老龄化和流失严重导致的运营管理技术人员明显不足；二是因经济发展水平滞后和地区开放程度不足引发的农民数字化和信息化观念非常淡薄；三是因财政收入不足形成的各县区农业农村支出的不均衡，进而促使数字乡村发展的基础条件及配套条件具有差异化，不能在全市范围内形成联动效应和规模效应。

第二章 数字乡村建设的理论分析

一、概念界定

（一）数字乡村

依据《数字乡村发展战略纲要》，数字乡村是伴随网络化、信息化和数字化在农业农村经济社会发展中的应用，以及农民现代信息技能的提高而内生的农业农村现代化发展和转型进程，既是乡村振兴的战略方向，也是建设数字中国的重要内容。

在整理相关政策文件和研究后，本书认为，数字乡村主要是指以农业农村现代化发展为核心目标，通过数字化技术、互联网、信息通信、区块链等平台，以提升农业生产经营效率和结构转型为渠道，以数字化基础设施和数字资源要素作为技术支撑，以数字化服务水平作为数字乡村发展的外源动力，以数字乡村治理能力为提升目标，来提供数字化经济环境，促进农业数字化转型，充分发挥数字乡村建设的匹配效应、乘数效应、溢出效应、公平效应，最终实现数字产业化、产业数字化、治理数字化，来推动乡村的经济高质量发展。

（二）数字乡村建设

数字乡村建设涉及如何有效地推进乡村的数字化进程。首先，从国家层面来看，国家被视为数字乡村建设的主导者，负责制度的引导、体系的创新、资源的配置以及安全的保障。其次，市场逻辑强调，市场在数字乡村建设中扮演着关键角色，需要充分利用市场机制的优势。再次，社会逻辑认为，乡村建设的核心在于协调技术进步与社会需求之间的关系。数字乡村建设体现了两种治理逻辑：一方面，依赖政府的制度性安排，通过财政支持等方式为乡村地区提供外部资源的"外源性支持"；另一方面，尊重并激发乡村自身的发展潜力，促进"内生式增长"（郑永兰和周其鑫，2023）。具体来看，数字乡村建设是以大数据、互联网、信息技术等新一代数字手段，激活劳动力、土地、资金等要素配置活力，提升数字化生产力，加快城乡产业联动发展，驱动农村地区高质量发展；以信息流带动技术、资金、人才、物资向农村地区流动，有效提升农村地区要素生产率，为农户增收提供可能，助力农户共同富裕。同时，数字乡村建设亦可培育发展数字乡村新产业、新业态、新模式，加快新型城镇化步伐，消除城乡发展鸿沟，推动农户早日实现共同富裕（朱奕帆和朱成全，2023）。数字乡村的构建旨在通过强化总体规划和配套措施，促进现代信息技术在农业和农村经济社会发展中的全面应用。这包括提升农村居民的现代信息素养与技能，以及积极推动现代信息技术产品的集成创新和广泛应用。信息技术的应用应覆盖农业产业的所有要素和全过程，以及农村社会的各个层面。增强乡村内生发展动力的农业农村现代化发展进程，实现农业全产业链信息化和农村社会全方位信息化，实现农业全产业链的改造升级和农村社会的整体质变，促进农业农村现代化朝着高质量发展的方向前进（曾亿武等，2021）。

数字乡村建设的基本逻辑包含3个层面。首先，技术发展的逻辑是其核心动力，数字技术的革新是数字乡村实践的基础。其中，一个关键目标是将农业经济的发展动力从以工业要素为主导向转变为以数字要素为主导，这些数字要素包括数字人才、知识、技术和资源。其次，数字技术的发展有助于乡村治理的现代化，数字乡村的建设能够通过技术赋能基层社会，增强乡村的自我治理能力，并确保基层社会的利益需求与政府政策制定之间实现精准对接。最后，数字技术的发展促进了农民生活的现代化，通过将数字技术引入乡村，使其更贴近农民的日常生活，从而提高农民的生活质量和福利水平（李丽莉等，2023）。

（三）欠发达地区

所谓的欠发达地区，通常指的是那些具备一定的经济基础与成长潜力，但与发达地区相比仍有显著差异，且在生产力发展上存在不均衡，科技水平尚未充分发展的区域。这类地区的定义不仅涉及地理空间的相对性，也是随时间推移而动态演变的概念。因此，不同国家在不同历史阶段对欠发达地区的界定及其特征存在差异，目前国际上尚无统一明确的定义。在中国的情境中，区域发展的不平衡同样显著。自 20 世纪 90 年代末起，部分国内学者参照世界银行的国民总收入（GNI）指标和联合国开发计划署的人类发展指数（HDI）指标，构建了适合我国的欠发达地区评价体系，从而识别出国内的欠发达区域。然而，自 2004 年中央政府明确提出中国东部、中部、西部和东北四大经济区域以来，普遍形成了东部尤其是沿海地区为相对发达区域，而西部、中部和东北地区为相对欠发达区域的共识（郑志彬，2021）。

总体而言，"欠发达地区"这一概念涵盖了经济和社会的多重内涵：①它是一个相对的概念，存在于特定的地理空间范围内，与发达地区形成对比。不同的参照体系导致欠发达地区的定义和地理范围也随之变化。在与发达国家或发达地区的比较中，广大发展中国家和地区被视为欠发达地区；同样，在国家内部，与发达地区相比，其他地区也被认为是欠发达地区。②欠发达地区是一个动态发展的范畴。这些地区虽然发展速度和水平不及发达地区，但拥有一定的发展潜力。通过创新和变革，这些地区有可能实现跨越式发展，转变为发达地区。欠发达地区的特征包括：①社会转型的滞后性。这些地区尚未完成从计划经济到市场经济、从传统到现代、从农业到工业、从封闭到开放社会的转变，人们的行为模式、生活方式和价值观念还未发生根本性的变化。②经济发展水平相对较低，生产力水平有限，生产要素的获取和利用效率不高，人均收入和经济增长速度缓慢，产业结构不够合理，人力资本不足，人口素质较低，技术进步和资金积累能力较弱。③政府职能转变的缓慢性。政府的管理方式较为传统，对市场经济的干预较多，这影响了经济的活力和效率（陈访贤，2018）。

二、理论基础

（一）城乡关系理论

城市和乡村是一个系统发展的有机体，是相互影响和作用的，城乡融合是城镇和乡村双向要素的流动循环。

马克思主义城乡融合发展理论起源于对城乡对立关系的解析，资本主义生产方式使古典城市发展到现代城市，城乡关系也发生了根本反转，社会矛盾有了新的转变。乡村振兴战略作为马克思主义城乡融合思想的演变，具有重要的实践意义。恩格斯对于城乡关系的研究起始于对现实的直接考察。在《德意志意识形态》与《共产党宣言》这两部著作中，马克思与恩格斯首次提出"城乡对立"与

"城乡融合"两个核心概念。他们对城乡对立的根本原因进行分析，对城乡未来关系的发展作出了判断，即消灭城乡对立、实现城乡融合（张嘉实，2023）。

新中国成立以来，中国共产党汲取马克思主义理论的营养与经验，将其运用到中国特色社会主义和中国特色城乡关系的建设之中。

新中国成立初期，党和政府的首要任务是恢复和发展国民经济，我国通过土地改革、调整工商业生产等政策的实施，使城乡之间的商品、资金和劳动力等生产要素自由流通，城镇劳动者和农民得到就业自由，获得充分的选择机会，城乡经济活跃并得到了充分的发展，形成平等互惠的城乡关系。在 1953 年，中国启动了以重工业为重点的"第一个五年计划"，其核心目标是分阶段推进国家的社会主义工业化进程。同时，该计划也旨在逐步完成对农业、手工业以及资本主义工商业的社会主义转型，但是依旧较落后的农业并不能满足工业化快速发展的要求，政府开始在农村实施"统购统销"的政策，开展农业合作化运动，城乡之间生产要素的自由流动受到限制，农民固守在农村从事农业生产，城乡发展的不均衡开始形成，城市化发展的速度变得缓慢，城乡分割制度开始形成。

改革开放以后，随着家庭联产承包责任制的实施、人民公社解体等一系列农村改革，城乡分割制度开始解构，农民的生产积极性高涨，为城乡劳动力市场创造了条件，大量农村剩余劳动力涌入非农产业，促进了乡镇企业的发展，农民收入获得了快速提高，城乡差距减小。但是，随着我国经济体制改革的重点向城市转移，我国城乡关系出现了失衡的态势，农村大量资源涌向城市，农民增产不增收，"三农"问题出现，农村支持城市快速发展，导致我国城乡差距扩大和失衡。

21 世纪以来，中国经济持续快速发展，"三农"问题受到了高度重视。党的十六大将"统筹城乡经济社会发展"作为解决城乡二元结构问题的基本方针，党的十七大提出必须建立"以工促农、以城带乡"的长效机制。政府全面取消了农业税，减轻了农民的负担，通过促进农民增收来改善城乡关系，农村劳动力向城市流动的制度环境有所改善，农民得到了有效的社会保障。城乡差距有显著的缩小，城乡二元体制开始被打破，城乡关系向一体化方向发展。

城乡融合在于实现"城"与"乡"的相互融合联动，实现要素自由流动和城乡耦合互动机制，实现城乡共荣多样化，打造城镇与乡村的共荣体系，要构建新型社会治理体系和要素双向配置互动机制（陈丹和张越，2019）。

城乡一体化发展旨在促进城市与乡村在人力资源、社会、经济和生态环境等方面的全面整合。这一进程追求的是实现城乡在多维度上的均衡发展，并确保城乡居民享有相似的生活质量水平。通过科学的规划设计优化城乡的空间结构，以及多项制度的创新，促进城乡生产要素的流动和优化，建立新型的城乡关系，推动城乡互促共进、协同发展。城乡之间的合作博弈是实现城乡空间均衡的必由之路（何仁伟，2018），是有效解决乡村发展不平衡、不充分问题的关键。在全面建设社会主义现代化国家新征程中，推进乡村振兴战略成为一项必要举措，它旨在加快农村的发展步伐，缓解城乡之间的矛盾，并推动实现城乡发展的均衡。

党的十八大以来，我国国民经济不断发展，党的十八大明确提出"城乡发展一体化是解决'三农'问题的根本途径"，政府加大对农业农村发展的重视程度，城乡要素自由流动，社会资本下乡的速度和规模增加，农民工返乡的规模不断扩大。党的十九大明确提出"建立健全城乡融合发展体制机制和政策体系"。党的二十大提出"加快建设农业强国，扎实推动乡村产业、人才、文化、生态、组织振兴"。

（二）数字经济理论

数字经济，究其根本是通过数字技术赋能社会发展，实现经济总体增长。数据作为一种生产要素不断优化社会生产和再生产过程，以数字化为代表的数字生产技术融入现代化生产的多个步骤中。数字经济是数字技术对现代经济学的变革，关注的是数字技术变革带来的观念转变问题。数字经济依托于数字化信息资源，特别是数据要素，互联网平台作为主要的信息传播媒介，由数字技术的创新所驱动，并以多样化的新商业模式和行业形态展现其活力，其特征主要表现在 3 个方面：数据支撑、融合创新和开放共享，强化了网络经济形态，使得社会网络呈现出明显的网络外部性（陈晓红等，2022）。

数字经济是在传统经济基础上发展起来的，与传统经济发展的规划侧重、布局规律、建设规律、技术发展规律、企业培育规律以及监管规律不同，通过数字化赋能改变其他资源要素组合的禀赋，形成内生增长机制（陈万钦，2020）。数字经济可以在城乡融合发展中降低信息不对称并创造价值。在数字经济的背景下，市场竞争的核心本质依旧未变。资源的争夺和市场竞争的存在，使得商家之间的利益追逐可能引发垄断现象。新兴的数字经济平台，凭借其积累和争夺的独特数据资源，通过算法的设计、训练和执行，在市场上构建了显著的先行优势（杨东，2020）。数字经济发展对生态效率的直接影响主要体现在供给端和需求端两个层面（孔令章和李金叶，2023）。

三、数字乡村建设的理论框架构建

理论框架是研究展开的重要基础。该部分主要基于理论研究厘清了全书的分析思路，并按照逻辑思路构建了理论模型和计量模型，更清晰地阐述了欠发达地区的数字乡村建设问题。全书主要依据科学性和系统性原则，遵循"理论分析—现状评价—经验借鉴—路径优化"的研究思路进行分析。

（一）理论分析

首先在基础理论的指导下进行全书框架的构建，再针对研究目的和研究内容设计恰当和科学的计量模型。对数字乡村建设的内涵、要素、作用、问题、路径等方面的文献进行收集整理，作为研究的基础，并对数字乡村、数字乡村建设和欠发达地区的相关概念进行阐释，作为分析基础。理论模型对于研究结果的科学性、客观性、准确性有较大影响，基于现有理论和实践分析，并结合研究主题和目的构建理论分析框架。

（二）现状评价

本书对中国数字乡村建设的演进历程与规律特征进行整理，并分析区域差异性，尤其针对欠发达地区的数字乡村建设的生成逻辑与内在动因进行剖析，并对发展水平进行测度，以期深入了解目前我国数字乡村建设的整体发展水平。

（三）经验借鉴

本书对国内外数字乡村典型实践场景进行整理分析，包括美国、日本、法国、加拿大的数字乡村建设模式，以及我国浙江遂昌、湖南永顺的数字乡村建设案例，并总结共性经验，挖掘适宜我国欠发达地区数字乡村建设的经验，为张家口市数字乡村建设提供可借鉴的优化路径。

（四）路径优化

基于对数字乡村建设的现状分析和发展水平测度结果，综合分析欠发达地区数字乡村建设的现实梗阻与实践误区，结合张家口市的数字乡村建设经验，为欠发达地区数字乡村建设提供建设思路和路径优化建议。

第三章　欠发达地区数字乡村建设现状分析

　　数字化转型浪潮作为一场革命性的变革，已经在全球范围内广泛开展，也为中国乡村振兴在数字经济时代的发展提供了前所未有的机会（王春艳，2023）。党的二十大报告指出："全面建设社会主义现代化国家，最艰巨最繁重的任务仍然在农村。"2023 年中央 1 号文件明确指出"深入实施数字乡村发展行动，推动数字化应用场景研发推广。加快农业农村大数据应用，推进智慧农业发展"。在政府对乡村数字化转型的大力支持下，数字技术、数据要素已经深入到农村基础设施、经济生活、乡村治理等各个领域，有力地推动了乡村的数字化进程（李旭辉，2023）。然而，我们必须正视的是，我国在长期的发展过程中形成了城乡二元结构的发展格局，导致城乡、区域在科技、人才、资金等要素配置和政策方面存在严重失衡现象。这种区域空间发展不平衡、不充分的矛盾也突出表现在中国乡村数字化转型中，已成为实现乡村振兴和共同富裕战略的重要制约因素。因此，在新时代的背景下，需要深入研究数字乡村建设的时空演化格局与规律特征，分析数字乡村发展的区域差异形成的原因。特别是对于欠发达地区，更需要深入理解其数字乡村建设的内在动因与现实阻碍，进而提升欠发达地区数字乡村的建设水平，实现区域协调发展与共同富裕（张鸿，2020）。

一、中国数字乡村建设的演进历程与规律特征

（一）中国数字乡村建设的演进历程

自中国共产党成立以来，尤其是新中国成立伊始，党和政府便十分重视"三农"问题。乡村发展问题作为"三农"问题的重要组成部分，在历史演变与实践进程中经历了错综复杂的变化，并不断向前推进。且由于不同阶段经济发展水平、国家经济体制等因素存在差异，导致不同时期经济发展速度和数字乡村建设特征各不相同。因此，本书重点梳理了改革开放后，尤其是 2018 年至今，中国农业农村信息化由起步到数字乡村建设的三阶段演变历程与规律特征。

1. 第一阶段：农业农村信息化萌芽探索阶段（1979—1993 年）

自改革开放以来，党和国家的工作重心逐渐转向经济建设。为了适应这一重大转变，国家开始高度重视电子信息技术的发展和应用，并将其作为推动"四个现代化"建设和经济发展的重要手段。在此背景下，国家大力推进经济信息管理系统建设，以期通过信息化手段提高经济管理的效率和水平（汪传雷，2012）。这一阶段主要举措突出表现在以下几个方面：一是出台一系列指导性政策文件。在 1978 年，中共中央全国科学大会通过了《1978—1985 年全国科学技术发展规划纲要（草案）》，该纲要将电子计算机技术明确列为八个重点发展的科技领域之一，强调了其在国家科技发展中的重要地位。1985 年，为了推进农业现代化进程，农牧渔业部出台了《建设农牧渔业信息系统的方案意见》和《农牧渔业部电子计算机应用规划》，明确提出将计算机技术应用于农业领域。1992 年，党中央正式提出要发展社会主义市场经济，这是一个具有里程碑意

义的决策。为了更好地服务于这一经济体制，各级政府需要加强"信息引导"工作。在这一背景下，农业部积极响应并颁布了《农业部电子信息系统推广应用工作的"八五"计划及十年设想》《加强农村经济信息体系建设的总体构想》等文件。这一系列政策举措的推出，在完善我国农村经济信息体系、提高农业信息化水平、促进农业现代化发展等方面都具有重要意义。二是成立推进农业信息化相关的领导机构（小组）。1981年，中国农业科学院着手构建我国农业领域的首个计算机应用研究机构——计算中心，以推动农业科技的创新与发展。在1982年，国务院组织成立了"电子计算机和大规模集成电路领导小组"，目标在于推进我国电子和信息产业的进步以及在国民经济中的广泛应用。该小组致力于加强国家在该领域的领导力，提升产业发展水平，以满足国民经济和社会发展的需求。1992年后，农业部陆续成立了农村经济信息体系建设领导小组、农业部市场与经济信息司，以便有组织地推动农村经济信息体系的建设。三是建设国家经济信息管理主系统。在1986年，国务院在"七五"计划期间，决定将国家经济信息管理主系统作为重点建设项目，为此，逐步批准了12个国家级信息系统建设。这一决策为我国农业农村信息化的发展奠定了基础。在这一背景下，引进并在农业领域先后运用RS、GPS、GIS等先进技术，这标志着中国农业农村信息化开始起步。

总的来说，该时期是农业农村信息化的开端，由于当时的经济社会条件和信息技术发展水平的限制，中国农业农村信息化处于初始的探索阶段。该阶段，政府着手制定和出台实施了相关政策文件，构建信息组织体系，为信息化起步和推动计算机技术在农业领域的应用起到了引领作用。

2. 第二阶段：农业农村信息化充分发展阶段（1994—2017 年）

1994 年，"金农工程"的启动实施标志着中国农业农村信息化迎来了一个新的里程碑，意味着中国农业农村信息化由萌芽探索迈向充实发展阶段。这一工程的实施目标是建立一个高效、便捷、准确的农业信息服务平台，为农民提供全方位的信息服务。该阶段主要举措突出表现在以下几个方面：一是建立了 2 个农业信息化网络平台，分别为中国农业信息网和中国农业科技信息网，旨在为中国农业信息化建设提供宣传推广服务。二是分别于 1998 年和 2004 年启动实施了广播电视"村村通"工程和农村通信普遍服务"村通"工程，二者为农业农村信息化基础设施建设和后续发展奠定了坚实基础。三是注重农业信息化专家人才的培养和科研队伍的建设。四是将农业信息化提升至国家战略层面。2005 年，中央 1 号文件中首次明确提出要"加强农业信息化建设"。随后在 2011 年、2015 年、2016 年，农业部分别正式发布了首个全国农业农村信息化发展五年规划——《全国农业农村信息化发展"十二五"规划》、囊括"互联网＋"新型农业经营主体和"互联网＋"现代种植业在内的 11 项重点任务的《"互联网＋"现代农业三年行动实施方案》、《"十三五"全国农业农村信息化发展规划》和《农业部关于全面推进信息进村入户工程的实施意见》四大指导性文件，为进一步增强农业全过程的信息化能力，全面推进信息进村入户工作，发挥了引领性作用。

总的来说，1994—2017 年是中国农业农村信息化的充分发展阶段。在上述政策举措下，中国农村地区网络基础设施建设的成果显著，农民网络应用能力显著提升，全面实现了所有行政村"村村通电话"、所有乡镇"乡乡能上网"。此外，在基础设施建设较充分的基础上，农业农村电子商务已进入高速发展的黄金时期。"淘宝村"、休闲农业、民宿旅游等新型电商商业模式也纷纷"崭露头角"，为农业农村发展注入了新的活力。但是，该阶段农业农村数字化转型程度仍然较低。

3. 第三阶段：数字乡村建设新阶段（2018 年至今）

在新时代背景下，随着网络化、数字化和智能化的迅猛发展，党的十九大之后，党和国家在实施乡村振兴战略的基础上，提出了数字乡村战略，将其定位为乡村振兴的重要战略方向。数字乡村在农业农村现代化进程中发挥着至关重要的桥梁作用。一方面，它继承并深化了党的十八大以来乡村振兴的核心目标，标志着乡村振兴事业进入了一个全新的阶段和形态。另一方面，数字乡村更是农业现代化建设的新引擎与新路径，为推动农业现代化注入了强大动力（徐旭初，2024）。具体过程梳理如下：在 2018 年，中央 1 号文件首次提出实施"数字乡村战略"，这一战略的实施，标志着中国农业农村信息化进入了新的发展阶段，即数字乡村建设新阶段。该阶段主要举措表现在以下几个方面：一是就数字乡村建设的整体规划与核心任务进行了详细的战略部署，具体安排集中体现在《数字乡村发展战略纲要》《数字农业农村发展规划（2019—2025 年）》《数字乡村发展行动计划（2022—2025 年）》《"十四五"全国农业农村信息化发展规划》等政策文件中。二是开展国家数字乡村试点工作，在实践中探索数字乡村建设的有效路径和模式，推动数字农业农村的发展。

总的来说，2018 年以来，中国农业农村信息化相较于以往发展阶段有显著差别：一是数字乡村建设的维度变广。数字乡村建设不仅仅拘泥于数字基础设施升级行动，与之相并列的还有智慧农业创新发展、新业态新模式发展、数字治理能力提升、乡村网络文化振兴、智慧绿色乡村打造、公共服务效能提升和网络帮扶拓展深化。二是数字乡村建设注重数字技术对农业产业链从农业生产、流通、销售等的全面赋能，革新传统农业农村发展模式，催生了农村新业态。三是数字乡村建设打通了城乡之间、区域之间的各种要素流动，成为当前的乡村振兴、区域协调发展、共同富裕战略部署的重要实现路径。

（二）中国数字乡村建设的规律特征

基于上述演进历程的梳理与分析，发现国家农业信息化和数字乡村建设实践过程具有如下几个规律特点。

第一，数字乡村建设历经不同阶段，但最终目标具有一致性。不同阶段数字乡村建设的历史背景不同，建设目标任务各有侧重差异，但最终目的都是促进农业农村生产力的发展，提高农村现代化的程度，提升农民的生产生活水平。

第二，数字乡村建设由硬件建设向全面赋能乡村振兴转变。前两个阶段的农业农村信息化建设侧重于自上而下地实施和由外而内地推动，即主要依赖于政府主导的规划设计和硬件设施的铺设，而未能充分发挥数字技术全面赋能乡村振兴、农业农村发展的效应，也未能充分激发农村和农民的内在积极性。这既是前期建设实践成效的局限性和不可持续性的重要原因，也是当前数字乡村建设需要重点解决的关键问题。当前，数字乡村建设作为农业农村信息化发展的全新阶段，在升级优化信息化基础设施的同时，注重多维度释放数字技术在农业全链条转型升级、产业融合、农业绿色清洁生产、农村人居环境整治、乡村文化传承、农民数字素养提升、乡村基层治理等方面的赋能效应。

第三，数字乡村建设从弥合数字鸿沟走向数字普惠。在全面推进乡村振兴、实现共同富裕的过程中，数字乡村建设作为一项重要手段，不仅在数字赋能方面展现出其生产力的变革作用，在充分发挥其在数字赋能方面的优势，推动农业农村现代化进程，提高农业生产效率和农民收入水平的同时，更应当通过共建共享的方式，让数字红利惠及更广泛的人群，促进城乡融合发展，缩小城乡发展差距。尤其是随着前期农业信息网络基础设施不断完善，在弥合一级数字鸿沟（"接入鸿沟"）的基础上，如何提高数字乡村从业者，尤其是农民的数字素养，并使区域、个体间的数字化基础设施、技术、工具、应用、服务等的均等化表现得以实现，充分获取数字红利，以缩小二级数字鸿沟（"使用鸿沟"），是当前需要关注的问题。

第四，数字乡村建设尚处起步阶段，是一项长期的战略任务。现阶段全国数字乡村发展虽然实现了良好开局，已启动建设了信息化基础数据库和数字服务平台，数字要素赋能效应初步显现，但是，还需要认识到，数字乡村建设发展是一项长期的、系统的战略性任务。数字应用场景维度有待丰富、农民数字素养有待提高、数字化政策保障有待优化等一系列问题需要逐步解决完善（田真平，2023）。这也进一步证明了《数字乡村发展战略纲要》将实施数字乡村战略分为 4 个阶段的前瞻性和科学性。

二、中国数字乡村建设现状及区域差异分析

当前，我国农村已经成功摆脱绝对贫困，这一成就具有里程碑意义。在接下来的阶段，我国农村发展的重心将转向实现乡村的全面振兴。在此背景下，数字赋能乡村振兴成为乡村发展的重要方向，也取得了显著成效。从时序特征的角度来看，近年来中

国各省份数字乡村发展水平指数呈现出持续上升的趋势（刘传明，2023）。这一现象表明，全国数字乡村发展水平正在不断提高，进而有效地提高农业生产效率，减少人力成本，提高农产品的质量和市场竞争力，带动农村电商、智慧旅游等新兴产业的发展，为农村经济发展注入新的活力。但是，由于我国地域辽阔，地理环境错综复杂，各乡村所处的环境千差万别，乡村建设的基础和实际情况也不尽相同。尤其是不同地区乡村的信息化程度和农民对信息技术的理解与掌握存在较大的差异，导致我国各地区数字乡村建设存在较大差异。在数字乡村战略的进一步实施过程中，数字乡村建设在区域发展上呈现出不平衡、不充分的问题与矛盾（刘荣庆，2022）。

（一）数字乡村建设现状及成效

在全国范围内开展的数字乡村实践探索，已经取得了明显的实践效果，有效推动了乡村建设的步伐，提升了乡村发展的效率，突出表现在如下几个方面。

1. 全国数字乡村发展呈现良好开局

根据《中国数字乡村发展报告（2022年）》的数据，截至2021年底，全国数字乡村发展水平达到了39.1%。这是一个令人瞩目的成绩。从地域分布来看，东部地区的数字乡村发展水平最高，为42.9%；中部地区紧随其后，为42.5%；而西部地区则相对落后，数字乡村发展水平为33.6%。这说明在数字经济发展方面，东部地区具有明显的优势，而西部地区还需要进一步加快发展步伐。在全国范围内，有12个省份的数字乡村发展水平高于全国平均水平。其中，浙江省的表现尤为突出，数字乡村发展水平高达68.3%，在全国继续保持领先地位。此外，江苏省、上海市、安徽省和湖北省的数字乡村发展态势也良好，排名靠前。

2. 乡村数字基础设施建设加快推进

随着科技的不断发展，乡村数字基础设施建设已成为乡村振兴战略的重要组成部分。近年来，各级政府大力推动乡村数字基础设施建设，加速了乡村地区的信息化进程。《2022 年通信业统计公报》中的数据显示，截至 2022 年底，我国累计建成并开通 231.2 万个 5G 基站，中国已建成全球规模最大、覆盖最广的 5G 网络；我国固定互联网宽带接入用户总数达到 5.9 亿户，农村宽带用户数量已达 1.76 亿户，净增 1 862 万户，农村宽带用户增速高出城市 2.5 个百分点，显示出农村地区在互联网接入方面良好的增长趋势；我国农村互联网普及率已经达到 58.8%，与"十三五"初期的数据相比，城乡互联网普及率的差距下降了 15%。这一显著进展不仅提升了农村地区的数字化水平，也为乡村振兴战略的实施提供了有力支撑。

3. 农业生产数字化改造升级快速推进

根据《中国数字乡村发展报告（2022 年）》的统计数据，2021 年全国农业生产信息化率达到了 25.4%，其中东部地区农业生产信息化率为 29.2%，中部地区为 33.4%，而西部地区的农业生产信息化率则较低，为 19.1%（张珊瑚等，2024）。这表明我国农业生产信息化发展存在地区差异，需要进一步推进农业信息化建设，提高农业生产效率和农民收入水平。根据行业细分的统计数据，信息化程度由高到低分别为：畜禽养殖的信息化水平最高，达到了 34%，设施农业的信息化水平为 25.3%，大田种植的信息化水平为 21.8%，水产养殖的信息化水平为 16.6%（丁淑玲，2023）。此外，智慧农业建设快速起步，突出表现在以下方面：一是数字化育种技术研究已起步展开；二是智能农机装备的研发与应用使得农业生产更为高效和智能化；三是在畜禽养殖领域，数字化和规模化、标准化的协同推进，大幅提升了养殖效率和产品质量。此外，在数字技术的支持下，多种新型渔业养殖模式也已投入生产，进一步推动了水产业的发展。

4. 基层乡村治理数字化水平快速提升

随着科技的飞速发展，数字化已经渗透到我们生活的方方面面，包括基层乡村治理。近年来，基层乡村治理的数字化水平得到了快速提升，这为乡村治理带来了诸多便利和效益。首先，数字化治理使得信息传递更为迅速和准确。在传统乡村治理中，信息的传递往往依赖口头相传或纸质文件，这种方式不仅效率低下，而且容易出错。而数字化治理则通过互联网、移动设备等手段，实现了信息的快速传递和实时更新，大大提高了信息传递的效率和准确性。根据《中国数字乡村发展报告（2022年）》的统计数据，2021年我国行政村党务、村务和财务等"三务"综合公开水平达到了78.3%，这表明我国数字乡村建设在提高信息公开透明度方面取得了显著成果。这一成果的取得，得益于信息技术在乡村治理中的广泛应用，为村民参与村务管理提供了更加便捷、高效的信息渠道。此外，截至2021年，我国县域涉农政务服务在线办事率已达到68.2%，且该比率呈现出不断上升的趋势。其中，东部地区的在线办事率为72.5%，中部地区为71.8%，而西部地区则为62.3%。这一数据表明，我国在推进政务服务数字化方面取得了显著成效，尤其是在东部和中部地区。其次，数字化治理有助于提高治理效率。传统的乡村治理方式往往需要投入大量的人力和物力，而数字化治理则可以通过智能化的管理系统，实现自动化、智能化的管理，大大减少了人力和物力的投入，提高了治理效率。统计数据显示，全国范围内，超过 85％的县（市、区）已实现社会保险业务和新型农村合作医疗业务的在线办理，此举极大地提升了服务效率，为农民群体节省了宝贵的时间与精力。

（二）数字乡村建设区域差异及原因分析

1. 数字乡村建设区域差异及特征

自改革开放以来，中国在多个领域经历了复杂而深刻的变革。这些变革不仅体现在经济、政治等宏观层面，更在地理空间、社会空间、网络空间和表象空间等多个微观维度上留下了深刻的烙印（丁京，2023）。城乡发展、社会分化、网络交流和观念表象等方面的变化既相互关联又各有特点，共同构成了我国现代化进程中多元化、多样化和复杂化的特点。综合既有权威数据与实地考察结果发现，中国数字乡村地区的发展空间特征呈现一个明显的趋势：东部地区的发展水平最高，中部和东北地区紧随其后，而西部地区的发展水平则相对较低。再从县域数字乡村指数来看，南北方差异较大，南方和北方地区分别有 43.3％和 28.2％的县域处于数字乡村发展较高水平及以上阶段。东部地区的县域数字乡村发展处于较高水平及以上的比例为 67.6％，中部地区为 50.1％，而东北和西部地区分别仅为 4.8％和 12.2％（刘彦华，2023）。结合已有文献中关于数字乡村发展水平测度及区域差异分析的研究，均发现数字乡村发展呈现出明显的空间非均衡特征（研究结论与以上权威报告结论基本保持一致），且这种由强到弱、区域发展失衡的总体格局在短时间内难以得到根本性的改变（李旭辉，2023）。例如，刘传明（2023）的研究发现，中国数字乡村建设的发展水平存在明显的地域差异，基本格局为东部地区＞中部地区＞东北地区＞西部地区，高于全国平均发展水平的 9 个省份全部集中在东部沿海地区。这一现象表明，东部沿海地区在数字乡村建设方面具有明显的优势和领先地位。王艺（2023）研究发现，由于我国长期存在的城乡二元式结构，导致了农村地区信息技术水平的相对滞后。尤其在欠发达地区的农村，移动通信网络尚未完全覆盖。因此，有效弥合城乡间的信息技术差距，是当前建设数字乡村的重要任务之一。

综上所述，中国数字乡村建设区域发展不平衡、不充分的矛盾日益凸显，并呈现如下两个突出特点。

第一，区域间数字乡村建设的水平差异呈现"马太效应"。

此处的"马太效应"即指数字乡村建设与区域经济的发展水平之间存在显著的正向关联。2022 年发布的《中国数字乡村发展报告（2022 年）》数据显示，2021 年度，有 12 个省份（浙江、江苏、上海、安徽、湖北、广东、湖南、重庆、天津、江西、北京以及福建）在数字乡村发展方面取得了显著成效，其发展水平均超越了全国的平均水平。在这些省份中，浙江和江苏尤为突出，它们的数字乡村发展水平在全国范围内遥遥领先，分别占据全国第一和第二的位置。根据《2020 浙江省县域数字农业农村发展水平评价报告》的深入剖析，浙江省在 2020 年的县域数字农业农村领域展现出了强劲的发展势头，其整体水平攀升至 68.8% 的新高度。这一成就标志着浙江省在这一领域的显著进步，不仅大幅领先于东部地区 41.3% 的平均发展水平，而且远超全国范围 36% 的均值。这一数据不仅是对浙江省在数字农业农村领域努力与创新的肯定，也为其他地区提供了可借鉴的宝贵经验，以德清县的"数字乡村一张图"与龙游县的"数字治理新模式"最为典型。深究根源不难发现，这与东部地区，尤其是浙江与江苏等区域在数字经济、治理及公共服务等关键领域的显著地理优势与市场优势紧密相关，例如前瞻性的战略布局、雄厚的经济基础、丰富的人才资源以及完善的创新生态。浙江和江苏不仅积极拥抱新技术，推动传统产业转型升级，还注重培育新兴产业，打造数字经济新引擎。

在深入探讨中国区域发展差异时，不得不注意到西部地区与东部沿海发达地区之间存在的巨大鸿沟。以云南、贵州和西藏为例，这些地方的数字化产业基础尚未充分发展，与东部沿海地区相比，它们在经济发展和社会生活现代化的道路上似乎落后了一大步。这种差距不仅体现在经济指标上，更深刻地反映在了基础设施的建设上。在这些西部地区，数字乡村建设的推进面临着重大挑战，受到历史、地理和经济等多种因素的限制，这些地区的数字化基础设施建设相对滞后，缺乏先进的信息技术和设备，尤其是智能化物流、仓储和运输体系的配备严重不足。这些关键的基础设施对于促进当地农产品的市场化、提高农民的生活水平以及推动整个区域的经济转型至关重要。物流、仓储和运输等关键环节无法实现高效、智能化的管理和服务，不仅影响了当地农产品的销售和流通，也制约了农村经济的发展和农民生活水平的提高。

第二，同一省份内的数字乡村建设模式呈现异质性。

在中国的广大乡村地区，数字乡村建设正在如火如荼地展开。然而，尽管身处同一省份，各个乡村的建设模式却呈现出了显著的差异化。以安徽省为例，有的县凭借其卓越的区位优势，作为中国县域经济百强县之一，充分依托省会都市圈的强大辐射效应，注重将数字技术与乡村、城市发展相结合，实现数字乡村与智慧城市的深度融合。在此基础上，大力推进特色数字化产业的发展，如数字草莓、数字牧场等产业的壮大。安徽不少县域，将杭州都市圈项目的引入作为一个重要的转折点，它们借此机会积极推行"融杭接沪"的战略规划。在智慧医疗领域，这些县域不遗余力地推动县域医共体的构建，旨在通过科技的力量，优化医疗资源配置，提升医疗服务质量。同时，它们也致力于数字徽文化品牌的塑造与推广，希望通过数字化手段，将徽文化的深厚底蕴和独特魅力展现给更广泛的人群，进一步弘扬和传承这一宝贵的文化遗产，促进智慧文旅事业的发展。

2. 数字乡村建设区域差异的原因分析

（1）地区间的差异是导致数字乡村发展水平差异的关键因素。数字乡村建设在不同区域存在差异，这一现象受到多种因素的共同作用。其中，地区间的差异被认为是导致数字乡村发展水平差异的主要原因。不同地区的经济状况、基础设施建设、教育资源和技术水平等因素，都会对数字乡村的发展产生重要影响。例如，经济较为发达的地区通常拥有更完善的基础设施和更高的技术水平，从而能够更好地推动数字乡村的发展。相反，经济欠发达的地区则可能面临更多的挑战和困难（刘传明，2023）。其中，东部沿海地区，凭借其经济的繁荣和数字基础设施的完善，已经成为全国数字乡村发展的排头兵。这些地区不仅拥有先进的技术设备，还培养了一大批懂得运用这些技术的新型农民，使得农业生产和乡村管理更加现代化、智能化。西部地区虽然在数字乡村发展的起跑线上稍显落后，但得益于国家乡村振兴战略的深入实施以及中央政府对西部农村地区的特别关注和政策倾斜，西部地区的数字乡村建设正以惊人的速度迎头赶上。在东北地区，由于近年来经济增长放缓，特别是农村地区缺乏足够的技术人才和创新动力，导致数字技术的应用和推广不够广泛，影响了整体的发展进程。至于中部地区，尽管拥有充足的劳动力资源和相对丰富的科教资源，但在数字乡村的发展上却显得有些平缓。近年来，中部地区的数字经济发展与产业融合主要集中在高新技术产业和服务业领域，然而农村地区的潜力尚未被完全开发，这可能是导致目前状况的一个重要原因。

（2）地方资源、经济基础、村民的数字素养以及政策导向等共同导致区域内、省内数字乡村建设模式存在差异。首先，地方资源的差异是导致建设模式不同的重要原因之一。有的乡村地区自然资源丰富，如拥有大面积的耕地、林地或水域，这样的乡村往往会利用其资源优势，发展特色农业、生态旅游等数字化相关产业。而一些资源匮乏的乡村则可能更注重引进外部技术、资金和人才，以推动数字化进程。其次，经济基础同样是影响建设模式的要素。经济实力较强的乡村可以有更多的资金投入数字基础设施建设，如宽带网络、物联网设备等。而经济条件有限的乡村则可能通过政府扶持、社会捐赠等方式，因地制宜地开展建设工作。再次，村民的数字素养对建设模式的影响也不容忽视。在一些较为发达的乡村，村民的数字技能和接受新事物的意愿较高，这使得他们在数字化建设中更容易发挥主体作用。而在一些欠发达的乡村，则需要更多的培训和教育以提高村民的数字素养。最后，政策导向在数字乡村建设中起着至关重要的作用。各级政府往往会根据不同乡村的特点和需求，制定具有针对性的政策措施。例如，针对特色农业发展较好的乡村，政府可能会出台相关政策支持农业物联网、农业大数据等技术的应用；而对于旅游资源丰富的乡村，政府则会鼓励数字化技术在旅游服务和管理中的运用。除了上述因素外，不同乡村的文化背景、地理环境等因素也会对建设模式产生影响。因此，在推进数字乡村建设过程中，必须充分考虑各种因素的综合作用，因地制宜地制定和实施建设方案。这种差异化建设模式并非相互独立，而是相互促进、共同发展的。不同乡村之间的交流与合作可以促进资源共享、技术转移和经验借鉴，从而推动整个省份乃至全国的数字乡村建设向更高水平发展。

三、欠发达地区数字乡村建设的底层逻辑与内在动因

数字乡村建设战略着重于数字技术与网络媒介的应用，有助于欠发达地区突破地理限制，缩小区域和城乡发展差距，创造新发展机遇。欠发达地区数字乡村建设的生成逻辑表现在以下几个方面。

（一）数字技术为欠发达地区提供了突破地理限制的契机

由于地理位置的限制，这些区域往往无法充分受益于发达地区的产业、人才和资源等要素的辐射效应，导致其经济社会发展水平相对较低。在经济发展的进程中，欠发达地区始终面临空间壁垒的难题，难以与发达地区顺畅地联动与融合（张军，2022）。随着我国经济的稳定发展和社会的全面转型，乡土空间日益需要综合考虑外部的各种影响与因素的相互作用。为了与新的空间生产模式相契合，需要对乡村空间生产的模式和策略进行必要的调整与优化，以确保能够灵活适应持续变化的环境与不断增长的需求。而随着信息化、网络化、数字化和智慧化的不断深入发展，乡村转型发展既面临着前所未有的机遇，也面临着新的挑战。随着网络数字技术的日益强大，信息的交流、资源的共享、实践的互动与联接，以及信息通信、网络智能等尖端技术的飞速进步，为发展滞后的区域提供了难得的机遇，有助于这些地区克服空间障碍，实现资源

要素互补。总之，数字技术为欠发达地区提供了突破地理限制的契机。

（二）数字乡村是实现欠发达地区乡村振兴与脱贫攻坚有效衔接的重要路径

2020年，我国在脱贫攻坚领域取得了重大胜利。通过深入实施扶贫政策，优化贫困地区经济结构，加大扶贫资金投入力度，以及强化扶贫队伍建设等举措，我们已全面实现贫困人口的脱贫目标。但是在那些近年来摆脱贫困的地区，由于区位劣势因素长期存在，改善这些因素仍需耗费较长时间。同时，农村地区还存在着诸多可能导致贫困的风险因素（李博，2022）。脱贫攻坚与乡村振兴作为"三农"工作的两大核心战略，在战略层面上具有紧密的联系，任务上则呈现出前后衔接的特点。在欠发达地区，因其区域特殊性和发展滞后性，实施全面的乡村振兴显得尤为关键。而数字乡村建设的核心目标在于充分利用数字技术，通过信息化手段，提升产业布局与形态，改善农村居民的生活质量，提高农业生产效率，促进农村经济的持续健康发展。主要表现在以下两个方面：一方面，数字乡村建设在西部欠发达地区具有深远且不可估量的价值，如同一股强劲的东风，为这片土地注入了新的生机与活力。这一进程不仅有助于传统农业的转型升级，更能够激发当地居民的创造力和创新精神，孕育出众多前所未有的产业形态。这些新兴产业将基于数字化技术，以更高效、更智能的方式运作，不仅提升了农产品的附加值，还拓宽了市场渠道，让优质的农产品能够走出大山，走向全国乃至世界。同时，数字乡村建设也将促进农村社会的全面发展，改善基础设施，提升公共服务水平，为农村居民创造更加宜居、宜业的生活环境。另一方面，数字乡村建设能够提升西部欠发达地区的乡村治理水平。西部欠发达地区由于经济落后、交通不便、信息闭塞等因素制约，治理难度相对较大。然而，随着数字乡村建设的推进，数字乡村建设通过引入现代信息技术，如大数据、云计算、物联网等，为乡村治理提供更加高效、便捷的手段。这些技术可以帮助乡村管理者更好地了解村民的需求和诉求，提高决策的科学性和民主性。此外，数字乡村建设还有助于提升乡村治理的透明度和公信力。信息公开、透明是现代治理的基本要求，数字技术的运用可以使得乡村治理过程更加透明，减少权力寻租和腐败行为的发生。村民可以通过数字化平台了解村务公开情况，参与决策过程，增强对乡村治理的监督和评价。

（三）数字乡村是欠发达地区农民农村加快共同富裕进程的重要支撑

乡村数字基础设施建设对于打破农村发展停滞困境具有更为显著的效果，主要表现为以下两个方面。一方面，数字乡村建设是驱动欠发达地区农业与农村实现现代化的核心力量。通过数字技术的深度应用，可以加速农村新业态与新模式的涌现，进一步促进产业数字化的进程与数字产业化的融合，这不仅能够显著提升农业信息化水平，增强农业生产效率与产能，还能够有力推动农村电子商务等前沿业态的繁荣发展。另一方面，依据技术要素理论，技术革新若与传统的生产要素资源相结合，可以实现空间布局优化与系统生产效率的提升（刘佳，2023）。数字乡村建设通过数字技术的运用，有效提升农村地区的信息化水平，促进产品、人才、资金等各类资源在信息流的引领下流向农村地区，从而为乡村发展提供有力的资源支撑，是欠发达地区农民农村加快共同富裕进程的重要支撑。

四、欠发达地区数字乡村建设的基本情况

（一）农村整体信息基础设施建设比较落后

农村网络基础设施实现全覆盖，为数字乡村发展提供了信息基础设施。截至 2021 年底，欠发达地区行政村通宽带比例达到 100％。根据 2016—2022 年的《中国统计年鉴》数据可知，欠发达地区农村移动电话普及率由 2015 年平均每百户拥有 226.1 部上升至 2021 年平均每百户拥有 266.6 部，较 2015 年增长了 17.9％。农村计算机普及率由 2015 年的每百户拥有 25.7 台减少至 2021 年的每百户拥有 24.6 台（表 3 - 1）。此外，欠发达地区内部发展不均衡，且多数省份呈现了农村整体信息基础设施建设比较落后的特征。以云南省作为具体案例进行分析，该省 2021 年有 76.5％的农村地区已经具备了接收有线电视信号的能力，这意味着大部分农村居民可以观看到丰富多彩的电视节目，获取更多的信息和娱乐资源。但是尽管大部分家庭已经能够接收到有线电视信号，仍有 5.4％的家庭由于经济条件、居住环境等各种原因尚未安装电视机。此外，云南省在互联网普及方面还存在一定的差距。根据最新的统计数据，云南省实际互联网普及率相对较低。具体来说，该省使用移动宽带的用户比例仅为 64.4％，这意味着还有相当一部分人没有享受到移动宽带带来的便利。此外，接入宽带的计算机用户在该省更是只有 5.1％，这一数字进一步反映出云南省在互联网基础设施建设方面还有待加强（王艺，2023）。由此可见，这些欠发达地区农村的信息基础设施建设整体上还相对滞后。

表 3 - 1　2015—2021 年中国欠发达地区乡村数字基础设施普及情况

年份	农村移动电话普及率 （部/百户）	农村计算机普及率 （台/百户）
2015	226.1	25.7
2016	240.7	27.9
2017	246.1	29.2
2018	257.0	26.9
2019	261.2	27.5
2020	260.9	28.3
2021	266.6	24.6

数据来源：《中国统计年鉴》。

（二）智慧农业的推广和应用仍然面临多重困难

　　智慧农业是数字乡村建设的重要组成部分。通过引入智能设备和信息化技术，农业生产的效率和精准度得到了显著提升。新时代新阶段背景下，中国农业正处于由传统农业向现代农业转型的关键时期，智慧农业可以有效实现农业的节本增效，显著提升农业生产效率，保护农业生态环境，是实现农业高质量发展、农业强国建设的重要部分。欠发达地区农业生产多以传统农业生产经营方式为主，农业生产效率低；化肥、农药施用量长期超标，造成了严重的农业污染问题。如表 3-2 所示，数字技术的应用显著减少了化肥、农药、农膜的使用，提高了农业灌溉效率。全国化肥使用量农业产值由 2013 年的 165.27 元/千克提升到 2021 年的 357.37 元/千克，增长了 192.1 元/千克；全国农药使用量农业产值由 2013 年的 7 478.58 元/千克提升到 2021 年的 20 975.73 元/千克，增长了 13 497.15 元/千克；全国塑料薄膜使用量农业产值由 2013 年的

4 312.74 元/千克提升到 2021 年的 7 449.48 元/千克，增长了
3 136.74 元/千克；全国农业有效灌溉率由 2013 年的 39.50% 提升
到 2021 年的 43.07%。通过应用精准化、智能化的农业技术显著
提升了农业投入要素的使用效率，降低农业污染，保护了耕地资源
和水资源。但是在欠发达地区，农户们面临着一系列挑战，这些挑
战阻碍了他们采纳和利用智慧农业技术的步伐。首先，先进农业技
术的引入往往伴随着昂贵的设备和高额维护成本，这对于经济基础
薄弱的欠发达地区农户来说，无疑是一笔沉重的负担。他们往往缺
乏足够的资金来投资这些技术。其次，即便农户能够克服经济障
碍，他们还面临着知识和技能上的巨大鸿沟。智慧农业技术需要一
定的操作技能和专业知识，而这些知识在欠发达地区往往难以获
得。农业从业者可能没有接受过足够的教育或培训，难以理解和运
用这些高科技知识和工具。最后，技术更新换代的速度之快，也使
得他们难以跟上时代的步伐。因此，尽管智慧农业的潜力巨大，但
其在欠发达地区的推广和应用仍然面临重重困难。这些地区需要的
不仅仅是技术，更需要配套的教育和培训体系，以及可能的财政支
持和政策引导，帮助农户克服障碍，真正实现农业生产的现代化和
智能化。只有这样，智慧农业才能在这些地区"生根发芽"，带来
实质性的改变和进步。

表 3-2 2013—2021 年中国欠发达地区农业数字化转型情况

年份	化肥使用量 农业产值 （元/千克）	农药使用量 农业产值 （元/千克）	塑料薄膜使用量 农业产值 （元/千克）	有效灌溉率 （%）
2013	165.27	7 478.58	4 312.74	39.50
2014	179.62	8 170.64	4 474.75	39.72

（续）

年份	化肥使用量 农业产值 （元/千克）	农药使用量 农业产值 （元/千克）	塑料薄膜使用量 农业产值 （元/千克）	有效灌溉率 （%）
2015	186.99	8 703.53	4 617.93	40.40
2016	201.44	9 340.70	4 909.88	41.14
2017	208.88	9 932.24	4 988.51	42.46
2018	225.26	11 549.57	5 341.76	42.41
2019	257.42	13 698.75	5 753.59	42.90
2020	299.85	16 148.88	6 212.06	42.89
2021	357.37	20 975.73	7 449.48	43.07

数据来源：《中国统计年鉴》《中国农村统计年鉴》。

（三）县域数字经济新业态新模式面临诸多挑战

随着互联网技术的发展普及，农村电商迅猛发展，已经成为欠发达地区农民销售农产品实现增收和促进农村经济发展的重要渠道。2021年农业农村部信息中心联合中国国际电子商务中心发布的《2021全国县域数字农业农村电子商务发展报告》统计数据显示，我国县域电商发展迅速，网络零售市场和农产品上行规模扩大，消费市场潜力进一步释放。根据欧特欧的监测报告，2020年度我国县域地区的网络零售额已经攀升至35 303.2亿元人民币，比上一年度显著增长14.02%。从各省份情况看，浙江省、广东省、江苏省的县域网络零售额排名前三，分别为10 392.7亿元、6 722.7亿元、4 605.2亿元，合计占全国县域网络零售额的比重为61.5%，区域集中优势较为明显（张珊瑚等，2024）；欠发达地区海南省、宁夏回族自治区和青海省的县域电商产业发展相对落后，其网络零售总额占比仅为0.15%，县域电商发展亟待整体突破。

从欠发达地区来看，农村电子商务销售额由 2015 年的 1 369.9 亿元增加至 2021 年的 2 761.67 亿元，增长了 1.02 倍（表 3-3）。与此同时，快递服务不断向乡村基层延伸，"快递进村"比例超过 80%，2021 年农村地区收投快递包裹总量达 370 亿件（刘冀琼，2024）。欠发达地区农村通邮率为 100%。但大多数农产品经营层次处于中低端，而且以初加工为主，阻碍了附加值的提升。

表 3-3 2015—2021 年中国欠发达地区农村电子商务销售额

年份	农村电子商务销售额（亿元）
2015	1 369.9
2016	1 313.71
2017	1 489.6
2018	1 858.4
2019	2 035.14
2020	2 346.99
2021	2 761.67

数据来源：《中国农村统计年鉴》。

欧特欧监测数据显示，在 2020 年欠发达地区 832 个国家级脱贫县网络零售额排名方面，江西省赣州市南康区连续两年排名第一，西藏自治区拉萨市堆龙德庆区、河北省邢台市平乡县分列第二、三位；在热销品类方面，从家居家装到食品酒水、母婴、珠宝礼品、生活服务、电脑办公、服装服饰、家用电器、运动户外、个护化妆，脱贫县热销品类更加多元化、细分化；在农产品上行方面，重庆市丰都县、云南省勐海县、安徽省砀山县等脱贫县通过网络销售鲜肉、普洱茶、方便食品等当地优质特色农特产品首次成功跻身脱贫县网络零售 20 强，这些地方以推动农产品网络销售、助农增收为切入点，通过电商扶贫带动脱贫地区可持续发展、走向乡村振兴（表 3－4）。

表 3－4　2020 年中国欠发达地区脱贫县网络零售 20 强

排名	所属省份	县（区）	占全国脱贫县网络零售额比例（%）	热销品类
1	江西省	南康区	17.34	家具
2	西藏自治区	堆龙德庆区	5.14	白酒
3	河北省	平乡县	2.97	童车童床
4	黑龙江省	克东县	2.75	婴幼儿奶粉
5	河南省	镇平县	1.58	翡翠玉石
6	湖北省	神农架林区	1.29	生活服务
7	河北省	武邑县	1.22	保险柜
8	江西省	于都县	1.06	女装
9	重庆市	丰都县	0.93	鲜肉
10	安徽省	利辛县	0.85	户外服
11	河南省	虞城县	0.83	洗衣机
12	安徽省	舒城县	0.81	婴童寝居
13	江西省	兴国县	0.74	游戏设备
14	云南省	勐海县	0.73	普洱茶
15	江西省	吉安县	0.71	护肤套装
16	河南省	固始县	0.65	冰箱
17	陕西省	周至县	0.65	摄影写真
18	西藏自治区	达孜区	0.63	男鞋
19	安徽省	砀山县	0.62	方便食品
20	四川省	古蔺县	0.61	白酒

数据来源：欧特欧咨询。

究其缘由，首先，基础设施薄弱是制约县域数字经济发展的关键因素。许多欠发达地区的网络覆盖、数据中心和云计算平台等基础设施建设滞后，难以满足数字经济发展的需求，导致数字技术的应用和推广受阻。其次，人才短缺是另一个突出问题。高端数字经济人才和技术人才在欠发达地区供不应求，制约了数字平台企业的技术创新和发展。同时，由于教育资源和培训机会的缺乏，本地居民难以掌握先进的数字技术，进一步限制了数字经济的普及和深化。再次，资金投入不足也是制约县域数字经济发展的重要原因。欠发达地区往往财政紧张，难以提供足够的资金支持数字经济的建设和发展。由于风险较高，社会资本对县域数字经济的投入也相对有限。此外，政策环境不完善也影响了县域数字经济的健康发展。一些欠发达地区在数字经济领域的政策制定和执行上存在滞后，缺乏有效的激励机制和监管措施，导致数字经济发展缺乏动力和保障。最后，市场竞争不充分也是县域数字经济面临的问题之一。由于市场规模有限，欠发达地区的数字经济市场竞争不够充分，难以形成有效的竞争机制，导致资源配置效率不高，创新能力不足。

综上所述，欠发达地区县域数字经济新业态新模式的发展面临诸多挑战，需要政府、企业和社会各方面共同努力，加强基础设施建设、人才培养、资金投入、政策支持和市场竞争等方面的建设，推动县域数字经济实现高质量发展。

（四）欠发达地区数字乡村治理效能有待进一步提升

首先，在欠发达地区，许多乡村地区尚未实现光纤、5G 等高速网络的全覆盖，信息基础设施的滞后严重限制了数字技术在乡村治理中的应用，使得乡村治理的智能化、信息化水平难以提升。其次，欠发达地区往往难以吸引和留住具备数字化技能和管理经验的专业人才，导致乡村治理中缺乏必要的技术支持和智力支撑。乡村基层工作人员的数字化素养普遍较低，难以有效运用数字技术提升治理效能。再次，资金投入不足是制约数字乡村治理效能提升的另一大障碍。由于经济条件的限制，欠发达地区在数字乡村建设方面的投入有限，难以满足信息化建设、人才培养、技术引进等方面的资金需求。资金短缺导致数字乡村治理项目难以持续推进，治理效果难以显现。最后，部分欠发达地区在数字乡村治理方面的政策制定和执行上存在滞后，缺乏科学合理的规划和有效的激励机制，导致乡村治理的数字化转型进程缓慢。

综上所述，欠发达地区数字乡村治理效能不高的现状主要受到基础设施薄弱、人才短缺、资金投入不足和政策环境不完善等多重因素的制约。为了提升数字乡村治理效能，需要加大对基础设施的投入，加强人才培养和引进，增加资金支持，并完善相关政策环境，为数字乡村治理提供有力保障。

第四章　欠发达地区数字乡村发展水平测度

　　数字乡村建设战略旨在改变乡村社会尤其是欠发达地区的落后现状，借助数字赋能有效推进乡村振兴战略顺利实施（杨建仁等，2023；周兵、李艺，2023）。《全球数字经济白皮书（2022年）》显示，2021年测算的47个国家数字经济增加值规模占GDP比重高达45％。《中国数字经济发展报告（2022年）》显示，2021年我国数字经济规模达到45.5万亿元，占GDP比重达到39.8％。但数字经济在农业领域的渗透还比较薄弱，在第一产业中的渗透率仅8.6％，相比在第二、三产业中的渗透率还有很大的差距，亟须加强数字经济与农业农村的深度融合（刘庆，2023）。农业强国建设的顺利展开需要"科技""改革"的双轮驱动，当前我国科技在促进农业发展过程中蕴含的潜力还有很大亟须挖掘，数字经济在农业领域的深入应用对提高农业生产效率、促进农村有序健康发展、实现共同富裕具有重要意义（周鹏飞、李美宏，2023；潘泽江、石紫明，2023）。

一、数字乡村发展水平评价指标体系建立原则

　　构建中国欠发达地区数字乡村发展水平评价指标体系是进行数字乡村发展水平测度的核心环节。构建客观、科学、合理、有效的

欠发达地区数字乡村发展水平指标体系需要遵循以下六个原则（郭龙飞，2023；谢嘉豪，2023）：

（1）客观性原则。客观反映中国欠发达地区数字乡村发展水平是构建数字乡村发展水平指标体系的根本目的。因此，欠发达地区数字乡村发展水平指标体系中的具体指标必须能够准确反映当前欠发达地区数字乡村发展水平的现实情况，为欠发达地区数字乡村发展水平指标体系的构建打下坚实基础。

（2）科学性原则。除了客观真实，欠发达地区数字乡村发展水平指标体系构建过程中，具体指标的选取以及一级指标和二级指标的边界和完整度都应具备相应的理论依据。具体而言，欠发达地区数字乡村发展水平指标体系中的具体指标应该是能够量化数字乡村发展水平的客观性指标；同时，不同级别指标和同一级别指标间要具备相对独立性，不能存在概念和含义上的重合；最后，各指标整体上要能够较为全面地覆盖数字乡村发展水平的各个方面。

（3）可比性原则。通过欠发达地区数字乡村发展水平指标体系的测算能够准确反映不同区域数字乡村的发展水平，这就要求构建的指标体系中的具体指标必须具有可比性。指标的可比性决定了整个指标体系的可比性，这样才能够对欠发达地区不同区域进行深入详细的比较，从而得出切实可行的结论和政策启示。

（4）系统性原则。对欠发达地区数字乡村发展水平的测度需要涵盖数字乡村发展的方方面面，也要能够抓住欠发达地区数字乡村发展的重要矛盾，遵循系统性原则，数字乡村发展水平指标体系构建做到有的放矢。首先，指标的选取要保证能够涵盖欠发达地区数字乡村发展的全貌；其次，结合已有的研究成果和欠发达地区的实际现状构建有主有次的系统性的数字乡村发展水平指标体系。

（5）代表性原则。欠发达地区与发达地区之间在经济、政治、文化等诸多方面存在显著的差异，这要求欠发达地区数字乡村发展水平指标体系的构建必须符合欠发达地区的实际情况，能够代表欠发达地区数字乡村发展的真实水平。因此，欠发达地区数字乡村发展水平指标体系的构建必须选取具有代表性的指标，突出欠发达地区数字乡村建设的特点与特色。

（6）可操作性原则。构建欠发达地区数字乡村发展水平指标体系主要是为了对欠发达地区数字乡村发展水平进行客观、准确的测度。因此，具体指标的选取除了要具备客观、科学等特点外，还要具备可操作性和可获得性等。虽然数字乡村发展涵盖方方面面，但对于一些难以获得的指标需要寻找替代指标的代替或者不纳入到本研究的指标体系中。

二、数字乡村发展水平的测度方法

数字乡村发展水平评价的测度有多种方法，测度方法上的不同主要体现在指标赋权方法上的差异。不同指标赋权方法对评价指标体系具有决定性的影响，因此，选取适当的评价测度方法对欠发达地区数字乡村发展水平测度至关重要。

指标赋权主要分为主观赋权和客观赋权两种。其中，主观赋权主要指加入了个人的主观想法，是一种基于个人主观意愿的赋权方法，主要包括专家咨询法、层次分析法（AHP）、二项系数法、环比评分法、最小平方法等。客观赋权法的基本思想是根据各属性的联系程度或各属性所提供的信息量大小来决定属性权重，主要包括主成分分析法、熵值法、灰色关联法、TOPSIS 法等。

主观赋权法和客观赋权法各有优劣，结合欠发达地区数字乡村发展水平指标体系客观性、科学性等构建原则，本研究选取熵值法对欠发达地区数字乡村发展水平指标体系进行赋权处理（易继承等，2024；李烨等，2024）。具体的赋权原理和方法如下：

①由于指标单位及属性不同，需对数据进行标准化处理，消除量纲影响，其中正向指标愈大愈优，负向指标越小越好：

$$X_{ij} = [x_{ij} - \min(x_{ij})]/[\max(x_{ij}) - \min(x_{ij})] \quad （正向指标）$$
$$（4-1）$$

$$X_{ij} = [\max(x_{ij}) - x_{ij}]/[\max(x_{ij}) - \min(x_{ij})] \quad （负向指标）$$
$$（4-2）$$

其中，x_{ij} 为第 i 个省份第 j 项指标原始值，max 和 min 表示原始指标的最大值和最小值，X_{ij} 为标准化后结果。

②构建规范化矩阵 P（式中 n 为年份）：

$$P_{ij} = X_{ij}/(\sum_{i=1}^{n} X_{ij}) \quad （4-3）$$

③计算第 j 项指标的熵值：

$$e_j = -\frac{1}{\ln(n)} \sum_{i=1}^{n} P_{ij} \ln(P_{ij}) \quad （4-4）$$

④计算信息熵冗余度：

$$d_j = 1 - e_j \quad （4-5）$$

⑤计算各项指标权值（式中 m 为指标数量）：

$$w_j = (1 - d_j)/(\sum_{j=1}^{m} d_j) \quad （4-6）$$

⑥计算中国欠发达地区数字乡村发展水平及各子系统发展水平指数：

$$GGJH_i = \sum_{j=1}^{m} w_j P_{ij} \qquad (4-7)$$

通过式（4-1）到式（4-7）的计算，$GGJH_i$ 越大，表明欠发达地区数字乡村发展水平各子系统发展水平越高；反之，$GGJH_i$ 越小，表明欠发达地区数字乡村发展水平各子系统发展水平越低。

三、数字乡村发展水平评价指标体系

客观准确地反映欠发达地区数字乡村发展水平是评价指标体系构建的核心，需要严格遵循客观性、科学性、可比性、系统性、代表性和可操作性原则，全面科学地对欠发达地区数字乡村发展水平进行评价。

本研究借鉴相关研究从数字化产业发展、数字化基础设施、数字化服务水平、数字化经济环境、农业数字化转型五个维度构建中国欠发达地区数字乡村发展水平指标体系（朱红根、陈晖，2023；丁建军、万航，2023；刘钒等，2024），具体指标设定如表4-1所示。首先，一级指标数字化产业发展下包括两个二级指标，分别为农业生产投资和数字交易水平。农业生产投资通过农林牧渔业固定资产投资（亿元）衡量，数字交易水平由电子商务销售额和采购额（亿元）衡量。数字化产业发展反映了乡村数字建设投资、乡村数字经济的建设发展水平。其次，一级指标数字化基础设施下包括四个二级指标，分别为农村电脑普及率、农村移动电话普及率、农村互联网普及率和农村气象观测站覆盖建设情况。农村电脑普及率通过农村居民家庭平均每万户计算机拥有量（台）衡量，农村移动电话普及率通过农村居民家庭平均每万户移动电话拥有量（部）衡量，农村互联网普及率通过农村互联网宽带接入用户数（万户）衡量，农业气象观测站覆盖建设情况通过农业气象观测站个数（个）衡量。数字化基础设施反映了乡村数字基础设施建设和智慧绿色乡村的发展水平。再次，一级指标数字化服务水平下设两个二级指标，分别为物联网等信息技术应用的服务范围和数字服务消费水平。物联网等信息技术应用的服务范围通过农村投递路线（千米）衡量，数字服务消费水平通过农村居民家庭人均交通通信消费支出（元）衡量。数字化服务水平反映了信息等资源要素尤其是互联网技术在农村的渗透情况，为发展乡村数字经济、强化乡村治理能力、振兴乡村网络文化、提升乡村公共服务效能打下了坚实基础。然后，一级指标数字化经济环境下设三个二级指标，分别为农村通邮率、农村人均用电量和数字化人才拥有量。农村通邮率通过已通邮的行政村数量/行政村总数（％）衡量，农村人均用电量通过农村总用电量/农村总人数（千瓦时/人）衡量，数字化人才拥有量通过信息技术从业人员数（人）衡量。数字化经济环境反映了乡村数字化建设中硬件和软件基础的发展水平。最后，一级指标农业数字化转型下设四个二级指标，分别为单位化肥使用量农业产值、单位农药使用量农业产值、单位塑料薄膜使用量农业产值和有效灌溉率。单位化肥使用量农业产值通过农业总产值/农业化肥使用量（元/千克）衡量，单位农药使用量农业产值通过农业总产值/农药使用量（元/千克）衡量，单位塑料薄膜使用量农业产值通过农业总产值/农用薄膜使用量（元/千克）衡量，有效灌溉率通过有效灌溉面积/农作物总播种面积（％）衡量。农业数字化转型反映了智慧农业和绿色乡村的发展水平。

以上五个一级指标和十五个二级指标相互独立、相互补充，全面涵盖了欠发达地区数字乡村发展的各个方面。

　　本研究的样本范围覆盖河北省、山西省等全国 20 个欠发达省份，相关数据主要来自《中国统计年鉴》、《中国农村统计年鉴》、Wind 数据库和国家统计局，样本区间为 2013—2021 年。具体指标赋权结果如表 4－1 所示。中国欠发达地区数字乡村发展水平评价指标体系中各项一级指标的权重大小从大到小依次是数字化产业发展、农业数字化转型、数字化基础设施、数字化经济环境、数字化服务水平。农业产业发展是带动农业生产上、中、下游的核心与关键，也是农户获得收入、农村富裕的关键环节，农业产业数字化发展是欠发达地区实现共同富裕的重要途径，也是衡量欠发达地区数字乡村发展水平的关键指标。欠发达地区农业发展水平较低、社会经济水平较为落后，社会中的资本难以主动流向生产周期长、回报率低、风险较高的农业农村领域，而资本短缺导致农业无法形成产业化的发展，并且随着科学技术的进步以及产业升级，产业数字化也已经成为农业产业发展的必要趋势。因此，农业产业数字化发展中的农业生产投资是影响农业产业数字化发展最重要的指标。其次，数字交易水平深刻体现着农业产业数字化发展的深度，同样也是反映农业产业数字化发展显著程度的晴雨表。科技是第一生产力。当前我国农业生产面临着保量保质与生态环境不断恶化之间的矛盾，先进的数字农业技术成为解决这一矛盾的关键。在欠发达地区，农业生产普遍沿袭传统的农业生产方式，尤其在农户聚集区依旧使用传统的农业生产工具进行精耕细作的劳动密集型生产。农业数字化技术例如水肥一体化等可以有效提高化肥使用效率，提高农业灌溉效率，大大减少农业劳动投入，在保护生态环境的基础上保证了农作物的生产。水肥一体化、无人机喷防等农业技术都离不开数字化技术的支撑；因此，农业数字化转型是农业生产转型升级的重要方向，也是衡量欠发达地区数字乡村发展水平的重要指标。欠发达地区社会经济水平较为落后，若想发展好数字乡村建设离不开坚实的数字化基础设施。当前数字化技术主要依托互联网、智能手机和电脑等信息技术设备，同时，在使用以上信息技术设备时需要较好地实时了解当地农业生产的气象水土条件，农业气象台观测站也是欠发达地区数字乡村建设的重要基础设施。在评价欠发达地区数字乡村发展水平的过程中，除了数字化基础设施等硬件，也要考虑数字化经济环境等软件。农村通邮可以较好地促进数字农业技术的流通，农村人均用电量则显著反映了数字技术的应用程度。数字化人才则为欠发达地区数字乡村建设提供源源不断的智力支持与保障，有效推进智慧农业转型和提升数字乡村治理能力。这些均为欠发达地区数字乡村发展提供了重要的数字化经济、社会环境。为了更好衡量欠发达地区数字乡村发展水平，引入数字化服务水平可以从数字乡村建设受益主体角度切实体现数字乡村经济、乡村公共服务等数字乡村建设情况。以上五个维度及其子系统的权重确定为欠发达地区数字乡村发展水平测度打下了坚实的基础。

表 4-1　欠发达地区数字乡村发展水平评价指标体系

一级指标	二级指标	二级指标解释（属性，单位）	权重	
数字化产业发展	农业生产投资	农林牧渔业固定资产投资（亿元）	0.320	0.408
	数字交易水平	电子商务销售额和采购额（亿元）	0.088	

（续）

一级指标	二级指标	二级指标解释（属性，单位）	权重	
数字化基础设施	农村电脑普及率	农村居民家庭平均每万户计算机拥有量（台）	0.025	
	农村移动电话普及率	农村居民家庭平均每万户移动电话拥有量（部）	0.016	0.163
	农村互联网普及率	农村互联网宽带接入用户数（万户）	0.092	
	农业气象观测站覆盖建设情况	农业气象观测站个数（个）	0.030	
数字化服务水平	物联网等信息技术应用的服务范围	农村投递路线（千米）	0.031	0.066
	数字服务消费水平	农村居民家庭人均交通通信消费支出（元）	0.035	
数字化经济环境	农村通邮率	已通邮的行政村数量/行政村总数（%）	0.001	0.122
	农村人均用电量	农村总用电量/农村总人数（千瓦时/人）	0.059	
	数字化人才拥有量	信息技术从业人员数（人）	0.062	
农业数字化转型	单位化肥使用量农业产值	农业总产值/农业化肥使用量（元/千克）	0.072	0.241
	单位农药使用量农业产值	农业总产值/农药使用量（元/千克）	0.083	
	单位塑料薄膜使用量农业产值	农业总产值/农用薄膜使用量（元/千克）	0.038	
	有效灌溉率	有效灌溉面积/农作物总播种面积（%）	0.048	

四、数字乡村发展水平综合指数测度结果与分析

（一）欠发达地区数字乡村发展水平

通过熵值法的测算得到 2013—2021 年中国欠发达地区数字乡村发展水平的综合得分。各省份的得分情况具体如表 4－2 所示。总体来说，中国欠发达地区数字乡村发展水平整体呈现出较好的发展趋势，数字乡村发展水平由 2013 年的 0.120 上升到 2021 年的 0.286。其中，2021 年，河北、四川、河南等 7 个省数字乡村发展水平超过全国欠发达地区数字乡村发展综合平均水平 0.286，吉林、甘肃、宁夏、海南等地数字乡村发展水平相对较差。不同省份之间数字乡村发展水平存在显著差异，以 2021 年数字乡村发展水平最高的河北省为例，经测算，其数字乡村发展水平为 0.656，是 2021 年数字乡村发展水平最低的吉林省（0.152）的 4 倍有余。由此，不难看出当前欠发达地区数字乡村发展水平区域差异十分明显。从数字乡村发展水平增加值角度来看，整体上中国欠发达地区数字乡村发展水平从 2013 年到 2021 年增长了 0.166。其中，2021 年包括河北、四川、贵州等 8 个省数字乡村发展水平增加值超过全国欠发达地区数字乡村发展水平平均增加值，吉林、辽宁、山西、新疆和黑龙江等地数字乡村发展水平增加值相对较低。不同省份之间数字乡村发展水平增加值之间也存在显著差异，以 2021 年数字乡村发展水平增加值最高的河北省为例，其数字乡村发展水平 9 年间的增加值为 0.451，是 2021 年数字乡村发展水平增加值最低的吉林省（0.039）11 倍多。当前欠发达地区数字乡村发展速度区域差异依旧十分明显。从数字乡村发展水平增长率来看，整体上从 2013 年到 2021 年，中国欠发达地区数字乡村发展水平增长率为

138.333％。其中，贵州、河北和青海等9个省份数字乡村发展水平增长率超过全国欠发达地区数字乡村发展水平增长率，吉林、辽宁、黑龙江等地数字乡村发展水平增长率相对较低。不同省份之间数字乡村发展水平增长率之间也依旧存在显著差异，以2013—2021年数字乡村发展水平增长率最高的贵州省为例，其数字乡村发展水平九年间的增长率为343.056％，是2013—2021年数字乡村发展水平增长率最低的吉林省（34.513％）9倍多。总的来说，整体上中国欠发达地区数字乡村发展水平逐年增高，尤其自2017年以来呈现快速发展的状态，欠发达地区数字乡村建设成效显著，但不同省份之间数字乡村发展水平依旧存在较大差距。

表4-2　2013—2021年中国欠发达地区数字乡村发展水平

区域	2013年	2014年	2015年	2016年	2017年	2018年	2019年	2020年	2021年	2013—2021年增加值	2013—2021年增长率（％）
河北	0.205	0.231	0.499	0.539	0.572	0.590	0.620	0.658	0.656	0.451	220.000
山西	0.109	0.119	0.138	0.142	0.151	0.166	0.163	0.180	0.205	0.096	88.073
辽宁	0.185	0.206	0.228	0.249	0.260	0.244	0.233	0.240	0.265	0.080	43.243
吉林	0.113	0.119	0.132	0.133	0.135	0.140	0.142	0.143	0.152	0.039	34.513
黑龙江	0.123	0.133	0.149	0.156	0.177	0.191	0.207	0.208	0.231	0.108	87.805
安徽	0.111	0.147	0.198	0.190	0.214	0.263	0.284	0.306	0.344	0.233	209.910
江西	0.110	0.125	0.146	0.154	0.178	0.186	0.210	0.234	0.252	0.142	129.091
河南	0.177	0.198	0.213	0.247	0.278	0.304	0.315	0.336	0.372	0.195	110.169
湖南	0.139	0.152	0.172	0.182	0.206	0.231	0.253	0.305	0.346	0.207	148.921
广西	0.116	0.126	0.140	0.144	0.174	0.203	0.228	0.252	0.285	0.169	145.690
海南	0.058	0.062	0.072	0.085	0.098	0.111	0.121	0.146	0.170	0.112	193.103
四川	0.171	0.191	0.245	0.252	0.295	0.336	0.386	0.428	0.483	0.312	182.456
贵州	0.072	0.087	0.107	0.137	0.160	0.196	0.235	0.256	0.319	0.247	343.056

（续）

区域	2013 年	2014 年	2015 年	2016 年	2017 年	2018 年	2019 年	2020 年	2021 年	2013—2021 年增加值	2013—2021 年增长率（%）
云南	0.103	0.124	0.122	0.127	0.148	0.179	0.207	0.231	0.266	0.163	158.252
西藏	0.110	0.111	0.119	0.129	0.143	0.174	0.205	0.218	0.256	0.146	132.727
陕西	0.138	0.157	0.174	0.179	0.206	0.221	0.244	0.260	0.292	0.154	111.594
甘肃	0.074	0.103	0.098	0.121	0.117	0.134	0.143	0.154	0.174	0.100	135.135
青海	0.083	0.103	0.110	0.126	0.131	0.145	0.180	0.217	0.260	0.177	213.253
宁夏	0.077	0.086	0.095	0.106	0.118	0.129	0.138	0.158	0.177	0.100	129.870
新疆	0.123	0.128	0.143	0.147	0.162	0.171	0.180	0.195	0.224	0.101	82.114
欠发达地区	0.120	0.135	0.165	0.177	0.196	0.216	0.235	0.256	0.286	0.166	138.333

（二）不同区域数字乡村发展水平

欠发达地区数字乡村建设因其不同的社会自然资源禀赋而各具特色，并呈现出不同的特点。因而，有必要对欠发达地区不同区域数字乡村建设分别进行分析，探究不同区域数字乡村建设发展水平的差异及其优势和短板；以此，更客观科学地评价欠发达地区数字乡村建设发展水平，揭示影响欠发达地区不同区域数字乡村建设发展水平的差异化因素。

综合地理位置、自然地理、人文地理的特点，可以把我国划分为四大地理区域，即北方地区、南方地区、西北地区和青藏地区。根据我国经济社会加速发展的新形势，全国分为四大经济区域：东部地区、东北地区、中部地区和西部地区[1]。我国的东部地区、东北地区、中部地区和西部地区自然资源禀赋各不相同，存在较大差

---

① "中国地理区划"百度百科，https：//baike.baidu.com/item/%E4%B8%AD%E5%9B%BD%E5%9C%B0%E7%90%86%E5%8C%BA%E5%88%92/4221764? fr＝ge_ala.

异，由此决定着各个地区人们在生产生活习惯等方面也存在较大的差异。结合自然地理和社会人文因素，本研究将中国欠发达地区划分为东部地区、东北地区、中部地区和西部地区。其中，东部地区包括河北省、海南省，东北地区包括辽宁省、吉林省、黑龙江省，中部地区包括山西省、安徽省、江西省、河南省，西部地区包括广西壮族自治区、四川省、贵州省、云南省、西藏自治区、陕西省、甘肃省、青海省、宁夏回族自治区、新疆维吾尔自治区。

　　从不同区域角度来看，2013—2021 年中国欠发达地区数字乡村发展水平在横向上存在显著差异。具体情况由表 4-3 可知，2013 年数字乡村发展水平均值由高到低分别是东北地区、东部地区、中部地区以及西部地区，其数字乡村发展水平均值分别为 0.140、0.131、0.129 和 0.107。截止到 2021 年，欠发达地区中数字乡村发展水平均值由高到低依次是东部地区、中部地区、西部地区以及东北地区，其数字乡村发展水平均值分别为 0.413、0.304、0.274 和 0.216。经过九年的数字乡村建设，东北地区数字乡村发展水平增加值仅为 0.076，增长率也仅为 54.286%。东北地区最初有较好的数字乡村建设基础，逐步落后，最终成为欠发达地区中数字乡村发展水平最低的地区。在 2013 年，东部地区和中部地区数字乡村发展水平相近，自此东部地区数字乡村发展迅速。2013—2021 年，东部地区数字乡村发展水平增加值达到了 0.282，增长率高达 215.267%。东部地区由最初中等的数字乡村发展水平一跃成为欠发达地区中数字乡村发展水平最高的地区。中部地区数字乡村发展水平增加值为 0.175，增长率为 135.659%，其数字乡村发展水平仅次于东部地区。2013 年，西部地区数字乡村发展水平在欠发达地区中排名最后，但经过这些年的发展，其数字乡村发展水平有了较快的提升，增加值为 0.167，增长率为 156.075％，在欠发达地区数字乡村发展水平增速排名第二。总体而言，欠发达地区不同区域数字乡村发展呈现的较大的变化，区域间的发展水平差异较大，东中部地区数字乡村发展显著优于东北地区和西部地区。东中部地区社会经济发展基础相对较好、人口较为密集，而西部和东北部地区资源禀赋较差、人口流失严重，导致西部和东北部地区在数字乡村建设过程中存在先天的劣势。

表 4 - 3　2013—2021 年中国欠发达地区不同区域数字乡村发展水平

区域	2013 年	2014 年	2015 年	2016 年	2017 年	2018 年	2019 年	2020 年	2021 年	2013—2021 年增加值	2013—2021 年增长率（％）
东部地区	0.131	0.147	0.286	0.312	0.335	0.351	0.370	0.402	0.413	0.282	215.267
中部地区	0.129	0.148	0.174	0.183	0.206	0.230	0.245	0.272	0.304	0.175	135.659
东北地区	0.140	0.152	0.170	0.179	0.191	0.191	0.194	0.197	0.216	0.076	54.286
西部地区	0.107	0.122	0.135	0.147	0.165	0.189	0.215	0.237	0.274	0.167	156.075

从数字乡村发展水平纵向趋势来看，无论是东中西部还是东北地区，中国欠发达地区数字乡村发展水平均呈现逐年增长的趋势。其中，东部地区数字乡村发展水平 2013—2021 年增长率为 215.267％，为四个区域中最高，这也体现了西部地区数字乡村建设发展的"追赶效应"，具体如图 4 - 1 所示。2013—2021 年，以 2014 年为分界点，东部地区数字乡村发展水平开始赶超，并在 2015 年实现了跨越式的发展，数字乡村发展速度和水平显著高于其他地区。西部地区数字乡村发展水平在 2018 年以前一直处于落后地位，2019 年开始超过东北地区并保持较为快速的增长。中部地区和东北地区数字乡村发展水平在 2016 年以前相差无几，自 2015 年开始，中部地区数字乡村发展水平开始超过东北地区，并

维持较高的增长速度。虽然东北地区数字乡村发展水平起初相对较好，但近些年发展速度十分缓慢，已经成为欠发达地区中数字乡村发展水平最低的区域。截止到 2021 年，欠发达地区中的东部区域数字乡村发展水平最高，分别是中部地区、西部地区和东北地区数字乡村发展水平的 1.36 倍、1.51 倍、1.91 倍。总体而言，中国数字乡村发展不仅发达地区与欠发达地区之间存在显著差异，欠发达地区内部不同区域间数字乡村发展情况也参差不齐，乡村数字经济协调发展是当前中国数字乡村建设面临的重要问题。

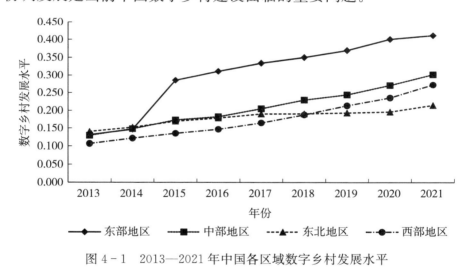

图 4-1 2013—2021 年中国各区域数字乡村发展水平

（三）子系统发展水平测度

1. 整体子系统发展水平测度

2013—2021 年中国欠发达地区数字乡村发展水平 5 个子系统（数字化产业发展、数字化基础设施、数字化服务水平、数字化经济环境、农业数字化转型）的发展得分情况如表 4-4 所示。总的来看，指标体系中欠发达地区 5 个子系统数字乡村发展水平得分均呈增加的趋势，2013—2021 年增长率依次达到了 444.896%、

110.543%、144.054%、54.895%、122.145%。其中，数字化产业发展增长率在 5 个子系统中处于绝对领先位置，主要原因在于步入新时代新阶段以来党和政府对于"三农"工作重视程度的进一步加深，随着乡村振兴战略的提出和深入推进，大量资金倾斜到"三农"领域，这大大加快了中国数字乡村战略的发展。与此同时，随着农业强国建设的有序推进，数字乡村建设发展已经迎来新的历史机遇期。从数字乡村发展水平整体年均值来看，5 个子系统的排名由高到低分别为数字化基础设施（0.053）、农业数字化转型（0.048）、数字化产业发展（0.031）、数字化经济环境（0.028）和数字化服务水平（0.027）。以上的得分情况从一定程度上表明欠发达地区数字化基础设施建设成效明显，这为数字乡村战略的深入推进奠定了坚实的硬件基础；与此同时，欠发达地区数字乡村建设中的数字化经济环境和数字化服务水平等软件基础相对较为薄弱，数字乡村建设面临软硬件建设失衡问题。

分省份看，5 个子系统中数字化产业发展水平自 2013 年至 2021 年 9 年年均值排在前三位的分别是河北（0.132）、河南（0.062）、四川（0.060），其中河北数字化产业发展水平远高于河南和四川，是河南和四川数字化产业发展水平的 2 倍多。数字化产业发展水平年均值排在后三位的分别是宁夏（0.004）、青海（0.003）、西藏（0.001），3 个省份数字化产业发展水平极低，河北数字化产业发展水平是西藏数字化产业发展水平的 100 余倍。数字化产业发展水平增长率排名前三位的省份分别是西藏（2 941.011%）、安徽（2 062.361%）、河北（1 565.758%），西藏地区数字化产业发展水平较低，但近些年的发展速度很快。数字化产业发展水平增速排名后三位的省份分别是辽宁（190.948%）、吉林（142.303％）、黑龙江（126.665％），西藏数字化产业发展水平增速是黑龙江的23倍多。欠发达地区数字化产业发展水平整体较低，区域差距依旧十分明显，但落后地区数字化产业发展增速较快，呈现追赶趋势。

分省份看，5个子系统中数字化基础设施发展水平自2013年至2021年9年年均值排在前三位的分别是四川（0.100）、河南（0.098）、安徽（0.073）。数字化基础设施发展水平年均值排在后三位的分别是河北（0.026）、海南（0.024）、西藏（0.021），3个省份数字化基础设施发展水平接近，四川数字化基础设施发展水平是西藏数字化基础设施发展水平近5倍。数字化基础设施发展水平增长率排名前三位的省份分别是西藏（375.500％）、湖南（223.163％）、安徽（193.260％），西藏地区数字化基础设施发展水平较低，但近些年的发展速度也很快。数字化基础设施发展水平增长率排名后三位的省份分别是辽宁（34.392％）、宁夏（31.361％）、吉林（3.174％）。其中，吉林数字化基础设施发展水平增长率十分缓慢，西藏数字化基础设施发展水平增长率是吉林的100余倍。欠发达地区数字化基础设施发展水平区域差距依旧十分明显，但落后地区数字化基础设施发展增速较快，也呈现追赶趋势。

分省份看，5个子系统中数字化服务水平发展水平自2013年至2021年9年年均值排在前四位的分别是四川（0.042）、湖南（0.039）、云南（0.036）、河南（0.036）。数字化服务水平发展水平年均值排在后四位的分别是宁夏（0.021）、新疆（0.021）、西藏（0.020）、海南（0.014），4个省份数字化服务水平发展水平接近，四川数字化服务水平发展水平是海南数字化服务水平发展水平的

3倍。数字化服务水平发展水平增长率排名前三位的省份分别是海南（528.755%）、贵州（524.909%）、宁夏（431.115%），海南和贵州数字化服务水平发展速度很快，增长率均超过了400%。数字化服务水平发展水平增长率排名后三位的省份分别是湖南（83.450%）、河南（77.248%）、山西（49.410%），海南数字化服务水平发展水平增长率是山西的10余倍。欠发达地区数字化服务水平发展水平整体偏低、发展速度较慢，省际差异较小。

分省份看，5个子系统中数字化经济环境发展水平自2013年至2021年9年年均值排在前三位的分别是辽宁（0.071）、四川（0.057）、河北（0.048）。数字化经济环境发展水平年均值排在后四位的分别是海南（0.013）、宁夏（0.013）、青海（0.006）、西藏（0.003），青海和西藏数字化经济环境发展水平均十分缓慢，辽宁数字化经济环境发展水平是西藏数字化经济环境发展水平的23倍多。数字化经济环境发展水平增长率排名前三位的省份分别是海南（383.090%）、西藏（329.351%）、青海（257.087%）；虽然海南、西藏、青海数字化经济环境发展水平较低，但其发展速度很快，尤其是海南数字化经济环境发展水平增长率超过了350%。数字化经济环境发展水平增长率排名后三位的省份分别是云南（17.274%）、吉林（3.291%）、辽宁（−21.238%），吉林数字化经济环境发展水平增长率十分缓慢，辽宁数字化经济环境发展水平增长率甚至出现了负数。欠发达地区数字化经济环境发展水平整体偏低，发展速度较慢，区域差异显著，这表明欠发达地区数字化经济环境是数字乡村建设发展的短板。

分省份看，5个子系统中农业数字化转型发展水平自2013年至2021年9年年均值排在前三位的分别是西藏（0.117）、青海

（0.084）、贵州（0.073）。农业数字化转型发展水平年均值排在后四位的分别是山西（0.028）、云南（0.028）、吉林（0.024）、甘肃（0.019），四个省份农业数字化转型发展水平接近。农业数字化转型发展水平增长率排名前三位的省份分别是贵州（554.925%）、云南（261.964%）、青海（239.104%），贵州农业数字化转型发展速度很快，增长率均超过了500%。农业数字化转型发展水平增长率排名后三位的省份分别是吉林（56.359%）、辽宁（49.640%）、新疆（25.404%），贵州农业数字化转型发展水平增长率是新疆的21倍多。农业数字化转型发展水平整体较高，存在一定区域差异。数字技术的介入有效改变了传统农业生产经营方式，有效提高了农业生产效率，保护了农业生态环境。

表4-4　2013—2021年中国欠发达地区数字乡村各子系统发展水平

区域	数字化产业发展		数字化基础设施		数字化服务水平		数字化经济环境		农业数字化转型	
	2013—2021年均值	2013—2021年增长率（%）	2013—2021年均值	2013—2021年增长率（%）	2013—2021年均值	2013—2021年增长率（%）	2013—2021年均值	2013—2021年增长率（%）	2013—2021年均值	2013—2021年增长率（%）
河北	0.132	1 565.758	0.026	82.345	0.022	121.895	0.048	20.484	0.047	73.476
山西	0.023	555.826	0.056	60.488	0.022	49.410	0.024	28.863	0.028	92.773
辽宁	0.037	190.948	0.051	34.294	0.034	127.471	0.071	-21.238	0.041	49.640
吉林	0.011	142.303	0.048	3.174	0.029	88.084	0.023	3.291	0.024	56.359
黑龙江	0.015	126.665	0.049	84.932	0.033	120.256	0.029	27.018	0.049	100.115
安徽	0.055	2 062.361	0.073	193.260	0.039	139.327	0.031	90.250	0.037	74.104
江西	0.032	351.067	0.059	122.295	0.022	150.320	0.024	31.814	0.039	108.050
河南	0.062	206.401	0.098	94.941	0.036	77.248	0.044	90.823	0.031	99.957
湖南	0.047	304.473	0.064	223.162	0.039	83.450	0.027	75.120	0.044	91.538
广西	0.024	369.710	0.070	149.233	0.027	209.418	0.020	80.197	0.045	88.472

（续）

区域	数字化产业发展		数字化基础设施		数字化服务水平		数字化经济环境		农业数字化转型	
	2013—2021年均值	2013—2021年增长率（%）	2013—2021年均值	2013—2021年增长率（%）	2013—2021年均值	2013—2021年增长率（%）	2013—2021年均值	2013—2021年增长率（%）	2013—2021年均值	2013—2021年增长率（%）
海南	0.008	684.425	0.024	126.071	0.014	528.755	0.013	383.090	0.044	112.378
四川	0.060	764.506	0.100	164.101	0.042	136.721	0.057	68.828	0.051	146.762
贵州	0.023	410.766	0.038	172.989	0.023	524.909	0.017	113.732	0.073	554.925
云南	0.030	244.107	0.054	179.845	0.036	123.552	0.020	17.274	0.028	261.964
西藏	0.001	2 941.011	0.021	375.500	0.020	134.481	0.003	329.351	0.117	106.631
陕西	0.032	481.822	0.051	62.545	0.025	122.036	0.041	47.765	0.059	108.440
甘肃	0.011	280.368	0.053	145.686	0.025	86.400	0.015	84.828	0.019	191.854
青海	0.003	1 451.198	0.032	71.956	0.025	381.811	0.006	257.087	0.084	239.104
宁夏	0.004	234.227	0.033	31.361	0.021	431.115	0.013	223.603	0.050	118.830
新疆	0.009	422.453	0.053	69.967	0.025	194.684	0.025	173.481	0.056	25.404
欠发达地区	0.031	444.896	0.053	110.543	0.027	144.054	0.028	54.895	0.048	122.145

2. 区域子系统发展水平测度

2013—2021年中国欠发达地区各区域数字乡村发展水平5个子系统（数字化产业发展、数字化基础设施、数字化服务水平、数字化经济环境、农业数字化转型）的发展得分情况如表4-5所示。

5个子系统中数字化产业发展水平自2013年至2021年9年年均值排名为东部地区（0.070）、中部地区（0.044）、东北地区（0.021）、西部地区（0.020）。东部地区数字化产业发展水平远高于其他地区，东北地区和西部地区数字化产业发展水平较低，东部地区数字化产业发展水平是西部地区的3.5倍。数字化产业发展水平增长率的排名是东部地区（1 425.972％）、西部地区（457.133％）、中部地区（407.785％）、东北地区（165.434％）。东部地区数字化产业发展速度很快，增长率超过了1 400％。西部地区数字化产业发展水平虽然较低，但其发展速度却很快，年均增长率均超过了450％。东北地区数字化产业发展水平增长率较低，反映出东北地区数字化产业发展的疲软。

表 4 - 5　2013—2021 年中国欠发达地区各区域数字乡村各子系统发展水平

区域	数字化产业发展		数字化基础设施		数字化服务水平		数字化经济环境		农业数字化转型	
	2013—2021 年均值	2013—2021 年增长率（％）	2013—2021 年均值	2013—2021 年增长率（％）	2013—2021 年均值	2013—2021 年增长率（％）	2013—2021 年均值	2013—2021 年增长率（％）	2013—2021 年均值	2013—2021 年增长率（％）
东部地区	0.070	1 425.972	0.025	101.471	0.018	219.567	0.031	64.191	0.046	90.943
中部地区	0.044	407.785	0.070	130.085	0.030	94.153	0.030	65.363	0.036	92.905
东北地区	0.021	165.434	0.049	37.098	0.032	111.962	0.041	−6.733	0.038	70.575
西部地区	0.020	457.133	0.050	125.313	0.027	185.701	0.022	87.670	0.058	150.382

　　5 个子系统中数字化基础设施发展水平自 2013 年至 2021 年9 年年均值排名为中部地区（0.070）、西部地区（0.050）、东北地区（0.049）、东部地区（0.025）。东部地区人口密集，数字化基础设施发展水平在众多人口的情况下来看并不高。中西部地区数字化基础设施基础较差，国家给予了大量政策和资金的倾斜，近些年其数字化基础设施发展水平得到显著的提升。数字化基础设施发展水平增长率的排名是中部地区（130.085％）、西部地区（125.313％）、东部地区（101.471％）、东北地区（37.098％）。中西部地区数字化基础设施发展速度很快，东北地区数字化基础设施

发展水平增速较低。

5个子系统中数字化服务水平自2013年至2021年9年年均值排名为东北地区（0.032）、中部地区（0.030）、西部地区（0.027）、东部地区（0.018）。东北地区和中部地区数字化服务水平相近，东部地区数字化服务水平偏低。数字化服务水平增长率的排名是东部地区（219.567%）、西部地区（185.701%）、东北地区（111.962%）、中部地区（94.153%）。东部地区数字化服务水平虽然较低，但其发展速度较快，增长率均超过了200%。西部地区数字化服务水平发展速度也较快，增长率均超过了180%。欠发达地区数字化服务发展水平虽然偏低，但整体呈现快速增长趋势。

5个子系统中数字化经济环境发展水平自2013年至2021年9年年均值排名为东北地区（0.041）、东部地区（0.031）、中部地区（0.030）、西部地区（0.022）。东北地区数字化经济环境发展水平高于其他地区，其数字化经济环境发展水平是西部地区的近2倍。数字化经济环境发展水平增长率的排名是西部地区（87.670%）、中部地区（65.363%）、东部地区（64.191%）、东北地区（−6.733%）。东北地区数字化经济环境发展水平虽然高于其他地区，但其数字化经济环境发展速度十分缓慢，而中部地区和西部地区数字化经济环境发展速度较快。

5个子系统中农业数字化转型发展水平自2013年至2021年9年年均值排名为西部地区（0.058）、东部地区（0.046）、东北地区（0.038）、中部地区（0.036）。西部地区由于地广人稀和农垦的规模化种植使得其农业数字化转型发展水平高于其他地区。农业数字化转型发展水平增长率的排名是西部地区（150.382%）、中部地区（92.905%）、东部地区（90.943%）、东北地区（70.575%）。西部地区不仅农业数字化转型发展水平高，其发展速度也很快，增长率均超过了150%。欠发达地区农业数字化转型发展水平整体较高，但是东北地区农业数字化转型发展速度较低，增长率不足80%。

第五章 欠发达地区数字乡村建设的现实梗阻与实践误区

一、欠发达地区数字乡村建设的现实梗阻

（一）数字化基础设施薄弱，区域发展不平衡

城乡二元结构深刻影响着欠发达地区数字乡村的建设发展（温涛等，2023；林育妙等，2023）。欠发达地区社会经济发展水平相对落后，资金更多流向人才集聚、技术发达的城市，农村地区因资源禀赋较差难以吸引社会资本。仅依靠政府投入难以维持广大欠发达地区数字乡村建设所需的资金供给，数字化基础设施建设相较于发达地区依旧存在较大差异，区域间发展失衡。截至 2021 年底，全国行政村通宽带比例达到 100％，通光纤、通 4G 比例超过 99％①。单从数据上来看，乡村数字化基础设施尤其是网络基础设施建设已经达到了较高水平，但能够较好应用于智慧农业转型、数字经济发展、提升数字治理能力等方面的技术设备依旧存在较大缺口。主要原因在于欠发达地区资源禀赋差且差异大，乡村数字化基础设施建设基本上侧重信息传输技术设备的投资。相较于发达地区，欠发达地区基于区域特点的具体基础设施配套建设并未得到更多重视。

---

① 数据来源：《中国数字乡村发展报告（2022 年）》。

　　欠发达地区数字乡村基础设施建设投入普遍不足。一方面，欠发达地区数字乡村建设多数仅依靠政府投资而缺乏社会资本的投入，另一方面，欠发达地区多是我国自然资源禀赋较差的区域，地形地貌复杂，工程建设难度大。截至 2021 年 12 月，中国全国互联网普及率为 73％，而中国农村地区互联网普及率为 57.6％，二者相差 15.4％[①]。以传统基础设施建设为例，欠发达地区乡村传统基础设施建设过程中数字化应用不足的情况十分突出。其中，在农业水利方面，《中国数字乡村发展报告（2020 年）》的数据显示，水利部门视频会议系统在乡镇层面的接入率仅为 64.17％。原因在于欠发达地区在数字化建设方面存在着自身基础薄弱、底子较差的现状，难以吸引社会资本的净流入，与此同时，仅依靠政府部门的投资难以应对欠发达地区数字乡村建设的长期性和艰巨性。国家在"三农"领域进行了大量的投资，但"三农"领域涵盖了农业发展、农村建设、农民福利的方方面面，涉及乡村数字化建设的资金供给难以满足当前欠发达地区数字乡村建设的资金需求。

　　欠发达地区数字乡村信息基础设施建设存在显著差距。欠发达地区涉及中国东部、中部、西部和东北部 20 个省份，不同区域社会经济发展水平也存在显著差异。东部和中部地区资源禀赋相对较好，数字乡村基础设施建设资金相对较为充足；而西部和东北部地区由于自然条件较差、科技人员较少，数字乡村建设的资金投入总体上较少，部分偏远地区如吉林、甘肃、宁夏等地网络基础设施建设尚未到位。当前数字乡村建设出现了"强者越强，弱者越弱"的"马太效应"，欠发达地区因其自身资源禀赋而逐步沦为数字乡村建

---

　　① 　数据来源：《中国互联网络发展状况统计报告》。

设和相关资源争夺的"追赶者"和"陪跑者"。虽然国家制定了数字乡村建设的相关规范和标准，但是限于欠发达地区资金、技术、人才的短缺，数字基础设施建设以及数字环境的营造均呈现应用转化不足的困境。

（二）数字乡村建设组织"碎片化"，部门协同联动难度大

数字乡村建设涉及的部门较多，不同层级、科室的职能部门之间的协调联动存在诸多问题，尤其在欠发达地区尤为显著，并具体表现在以下 3 个方面：

数字乡村建设与产业发展缺乏有效协同。欠发达地区数字乡村建设普遍更加侧重于数字基础设施尤其是信息基础设施的投资，农村通邮率、互联网普及率等相对较高（吴风云等，2024）。农业企业等实体经济的发展不仅需要硬件基础，还需要营商环境、科技管理人才等软件基础与硬件条件相配合。当前欠发达地区数字乡村建设软硬件基础失衡使得数字技术并未较好地促进农业相关产业的发展。在欠发达地区，数字乡村建设一般会选取社会经济条件较好的地区进行试点。试点地区往往为了考核而盲目推进信息基础设施建设，并未结合当地实际情况深入推进数字技术与当地农业产业的有效衔接和融合，造成了极大的资源浪费。同时，除了社会经济条件较好的试点区域外，广大欠发达农村地区和偏远地区数字乡村信息基础设施建设水平明显不足，难以支撑起这些地区农业产业的发展。部分欠发达地区已经涌现出许多基于本地特色农产品的生产加工企业，许多村庄也已经掀起了电商直播和休闲旅游的浪潮。通过实地调研发现，这些新兴的农业产业多是基于本区域的特色，由工商资本和农村能人等自发形成的农村新产业。中央推进数字乡村建设的相关文件并未具体明确欠发达地区数字乡村建设的标准，鼓励

地方政府根据区域情况自行探索。地方政府基于中央文件要求往往从简单模仿发达地区的经验，并未结合本区域的农业资源禀赋，也未较好地对接当地涉农企业和农业能人，因此导致数字技术难以与当地农业产业发展有效融合。

整体发展规划不足，部门间缺乏有效协同。数字乡村建设是一项全局性、系统性的涉及农业、农村、农民方方面面的复杂工程（洪名勇、汤园园，2024）。因此，涉及的利益主体众多，地方政府在推进当地数字乡村建设的过程中面对诸多资源利益的重新分配往往陷入不知从何抓起的困境，这也导致许多欠发达地区数字乡村建设缺乏有效的整体发展规划。多数地区将工作重心放到相关试点示范的建设上，但并未将试点的工作经验进行有效推广。数字乡村建设正处于初步探索阶段，欠发达地区对什么是数字乡村、数字乡村建设主体有哪些、怎么建设数字乡村等问题的认知存在不足。由于对数字乡村建设认知不足导致缺乏整体数字乡村发展规划，整体规划的缺失进一步导致欠发达地区在推进数字乡村建设的过程中建设主体不明确，各部门各自为政、缺乏有效的沟通。部门间有效协同的缺失使得欠发达地区数字乡村建设陷入盲目发展之中，难以切实将数字技术有效融合到农业农村的经营生产之中。

政府与市场、社会力量缺乏有效协同。长期性和艰巨性是数字乡村建设的重要特征，欠发达地区数字乡村建设涉及多个利益主体。因此，仅依靠政府单方面难以有效推进欠发达地区数字乡村建设。与此同时，欠发达地区数字乡村建设本身具有极强的正外部效应，需要在有为政府的积极引导下，充分发挥社会各界力量，引入有效市场，在多方主体的共同努力协同下实现欠发达地区数字乡村建设又好又快发展。当前，欠发达地区数字乡村建设主要是由政府主导的"自上而下"的建设机制，相关企业和广大农户处于接受和适应的被动处境，政府、市场和社会等主体间存在诸多壁垒。政府主导的数字乡村建设在各环节链条的资金投入大、监督监管难，企业和商户项目参与机会少，农户参与数字乡村建设热情低。

（三）数字赋能高要求，农民素养难匹配

截止到 2021 年，当前中国乡村居民的数字素养得分为 35.1 分，城市居民数字素养得分为 56.3 分，尚有 2 亿多乡村人口没有接触互联网[①]。以上数据说明中国居民数字素养还比较低，并且城乡居民在数字素养方面也存在较大差距（李卓昇等，2023）。随着社会经济的不断发展，第一产业产值占国内生产总值的比重不断下降，反映在人口结构上，大量青壮劳动力从乡村净流出，剩余劳动力基本上为 50 岁以上的老年人（陈华帅、马伟，2024）。这部分农民受教育水平普遍偏低、学习能力较差，在数字应用方面主要集中在社交、通信、娱乐等方面，难以将数字化技术应用于农业生产经营活动中，也较少通过数字技术进行农业技术学习、获得在线医疗等服务。农村人口结构过度老龄化以及数字化素质低造成了农村居民难以充分享受数字技术带来的生产、生活和生态的福利。农村数字化人才的供给和需求不匹配。乡村数字化建设需要既懂技术又懂农业的复合型人才，即高素质农民。欠发达地区农业生产在以传统农户为主体的格局下往往只能采用传统的农业经营生产方式，当前农业转型对高素质农民的需求远远高于现有的供给水平。智慧农业和绿色农业建设所需的高素质农民主体的缺乏使得数字技术在农业生产方面的应用情况很难满足农业机械化、数字化、智能化的转

---

① 数据来源：《乡村振兴战略背景下中国乡村数字素养调查分析报告》。

型。除此之外，欠发达地区农村基层治理也面临相似的问题。当前农村尤其是自然村的基层干部基本上都是当地年龄较高的村民，文化水平普遍偏低。当上级布置数字乡村建设的相关任务后，基层干部难以较好地领会数字乡村建设的科学内涵，许多相关工作的开展基本上处于盲目模仿和混乱无序之中，难以将数字技术较好地融合进当地的管理和服务中。即使数字技术能够较好地融合进当地的管理和服务中，因受众缺乏与之相匹配的数字化素质，许多工作依旧难以顺利地进行。

　　数字乡村建设最终的目的是服务于广大的农民主体，让农户享受数字技术带来的红利。因此，欠发达地区在推进数字乡村建设的过程中不仅要看其相关的考核和技术指标，更要结合当地农户实际情况，首先将作为服务对象的农户放到首要位置，在以适当速度开展数字乡村建设的同时注重当地农村居民数字素养的提升。

（四）乡村治理"最后一公里"不畅通，数字治理"悬浮化"

　　基层治理"最后一公里"的难题一直伴随着国家改革发展。步入新时代、新阶段以来，基层治理"最后一公里"难题突出表现在乡村治理的"最后一公里"，该难题的化解对国家治理现代化建设提出了更高的要求。社会治理领域中的"最后一公里"问题，主要是指基层如何执行上级政策、实现有效的社会治理，其背后则是如何实现国家与社会的有效互动问题（张园园、石健，2022）。党的十九大报告在提出"实施乡村振兴战略"时强调，加强农村基层基础工作，健全自治、法治、德治相结合的乡村治理体系。随着数字乡村建设的不断深入推进，数字技术给乡村治理和"三治融合"带来了新的机遇和挑战。

　　数字治理"悬浮化"是新背景下乡村治理的突出问题。随着新中国成立、人民当家作主，乡村社会建设管理逐步向现代民主治理方向转型。新时代以来，国家积极推动国家治理现代化转型，数字技术成为乡村社会现代化改造的重要媒介。信息化技术和科层化思路使得国家治理能够深入到乡村之中，进而构建起乡村社会的数字化治理体系，实现对传统乡村社会的现代化改造。地方政府主导的乡村治理数字化改革主要集中在治理内容、治理手段、治理方法、治理流程等方面。与其他基层治理遇到的问题类似，数字化改造浪潮下的乡村基层治理同样面临着"最后一公里"的难题（朱新武、梁海凤，2024），主要表现为以下2点：一是"下不到乡"。受项目制的限制，数字乡村建设实践大多停留在县级，尚未真正深入到村庄之中、进入千家万户。许多欠发达地区地处偏远落后地区，信息基础设施建设还比较薄弱，乡村数字化治理难以覆盖到。二是"乡村不动"。首先，在推进数字乡村建设的过程中，存在着过度"技术化"的倾向，在某种程度上与不同乡村特有的资源基础不能有效匹配，还提高了民众参与的门槛，打击了民众参与的热情，使得乡村数字治理难以有效服务农村居民。其次，欠发达地区乡村基层干部年龄普遍偏高、受教育水平较低，短时间内难以适应数字化技术带来的乡村治理方式的变革，即使有很好的数字化管理技术平台等，往往不能被有效利用。最后，传统乡村治理基本上都遵循乡村社会本身各具特色的习俗文化，数字化技术对乡村的改造可能对传统乡村治理理念带来较大的冲击，进而导致数字信息技术带来治理方式变革与传统乡村社会治理基础的适配性问题。

欠发达地区乡村治理数字化改造与转型是国家治理现代化的重要组成部分，也是构建乡村自治、法治、德治"三治"融合基层治理体系的重要途径。行政力量主导下的乡村治理数字化改造同样面临"最后一公里"难题，这与当前欠发达地区数字基础设施建设、乡村基层干部和农户数字技术素养较低以及传统乡村文化紧密相关。破解乡村治理数字化难题必须要有历史的耐心，以人为本，不断减小数字化、信息化技术与乡土社会适配性之间的摩擦，解决数字治理"悬浮化"问题。

（五）资金人才短缺，数字乡村建设要素保障不足

欠发达地区农业数字化资金供给不足，数字化赋能乡村振兴的社会资本吸引力不足（吴潇航等，2024）。从资金供给层面来看，政府实际上对乡村数字化建设投入的力度不大，这造成农村农业发展长期存在资金不足的问题。2020年全国县域农业农村信息化建设的财政投入仅占国家财政在农业农村相关事务支出中的1.4％[①]，该数据表明政府对乡村数字化建设投入力度应当大力提升。此外，农业贷款难是因为农民缺乏一般金融抵押物，很难评定农户的信用情况，他们最大的资产就是土地上种的农作物。以前农民向金融机构申请贷款，只能靠业务员下乡审核，农村地广人稀，这种业务方式不仅批贷慢，而且金融机构为农户发放贷款的成本高。数字化普惠金融目前仍没有解决农村传统金融固有的问题，如涉农产业投资周期长、成本高、投资回报率低与资本逐利本质之间的矛盾，农村征信体系不健全所带来的农业信贷信息成本高等，这些都造成资本对涉农产业投资意愿不强的问题。由于小家庭农场和小农户等农业经营主体缺乏金融信贷及保险服务的支持，只能自行承担农业生产经营的风险。

乡村振兴的本质是数字化人才的集聚（李晓夏、赵秀凤，2023）。

---

① 数据来源：《2021全国县域农业农村信息化发展水平评价报告》。

尽管当前乡村数字化过程中萌发的农业新生产模式和新业态能带来一些就业和创业机会，这在一定程度上能带动部分数字化人才的返乡和下乡，但这部分数字化人才的流入和农村数字化所需要的数字化人才相比远远不够。当前欠发达地区农村的空心化、老龄化问题尤为突出，人才缺口巨大。欠发达地区农户受教育水平远低于城市居民，同时，教育基础设施、教师队伍素质等教育资源远落后于发达地区，仅靠欠发达地区自身难以培养出数字技术管理人才。伴随着较差的资源禀赋，欠发达地区不仅不能吸引人才，还往往是人才流失最严重的地区。数字化人才的缺失从数字技术的推广和应用两个方面严重阻碍了欠发达地区的数字乡村建设。

二、欠发达地区数字乡村建设的实践误区

（一）数字乡村建设供需错位，农业数字技术落地难

在许多欠发达地区数字乡村建设过程中，政府推广的相关技术并未很好地融入本地的农业生产经营活动。造成这种问题的原因主要有以下 3 点：首先，不同地区农业农村的资源禀赋差异较大，欠发达地区主要集中在我国东北地区、西北地区和西南地区，地形地貌、土壤、降水、气温和积温等差异十分明显，经济发展水平参差不齐，智慧化农业技术的应用难度存在差异，如在丘陵地带作物种植的智慧化、规模化农业技术应用程度相对平原地带而言要更高一些（马香品、杨秀花，2024）。当前关于农业数字技术如何与不同条件的农村地区相融合的研究偏少，导致数字技术无法精准应用，智慧农业边际收益偏低。因此，欠发达地区农业生产各具特点，需要当地政府结合地域特点选择合适的农业数字技术，而非一味模仿发达地区智慧农业的建设发展经验。其次，地块规模、作物类型是

影响农业数字技术使用的重要因素。许多技术例如智能播种收割机、智能水肥一体化技术等只适合在具备一定规模的耕地上使用，智能温控技术等只适合在设施农业中使用。由于当前的农业数字技术更适用于大规模农场，盲目将该类农业数字技术应用到小家庭农场或小农户，显然会出现技术不适用的情形。与此同时，农业数字技术成本普遍偏高，对于传统小农生产经营来说，盲目使用农业数字技术设备经济上并不划算。因此，对应不同地块规模、作物类型，其实际经营的农业生产主体也是不同的，政府需要甄别不同的农业生产主体，对小农户、家庭农场、种植大户、合作社、龙头企业等不同农业生产主体提供适合其农业生产现状，并在其资金承受范围之内的农业数字技术。最后，欠发达地区农民的受教育水平较低，人口结构主要以 50 岁以上的老年人为主，这些群体对数字技术的学习接受能力较差。另外，习惯于传统农业生产方式的这部分农户不能通过自主学习主动应用农业数字技术。

数字乡村建设需要注重农户的参与和需求（陈旎、李志，2023）。数字技术的应用必须紧密结合农村地区的实际需求，尤其在欠发达地区农业农村的资源禀赋较差时，不能简单学习模仿江浙一带农业农村中数字技术应用的情景，避免资金技术投入的无效使用。政府可以组织农民代表、专家学者和当地农业企业开展相关的研讨会，倾听各方的意见和建议，选择适合本地区农业生产的数字技术，并定期组织农户进行相关农业数字技术的培训，从而有效提高欠发达地区农业生产机械化、数字化、智能化水平。

（二）盲目发展农村电商，农业生产环节薄弱

欠发达地区经济发展水平普遍较低，农户收入水平较发达地区存在显著差距。近些年随着数字技术的不断发展普及，电子商务、

网络营销和直播售货等逐步成为许多欠发达地区农民就业增收的重要渠道（高克玮、乔光华，2024）。数字乡村建设中，农村电商主要销售地方土特产，例如果蔬和肉蛋奶等农副产品。当地政府往往将农村电商发展定位为农民增收的主要渠道，因此，在许多欠发达地区农村电商呈现出野蛮增长的趋势（李怡娴，2024）。然而，农村电商的发展固然可以有效提升农户收入，但因为前期缺乏科学有效的发展规划，欠发达地区的地方政府在发展农村电商的过程中存在以下误区：一是没有因地制宜。农村电商的准入门槛较低，部分欠发达地区看到其他地区出现较为成功的电商案例便不顾当地自然资源条件和资源禀赋盲目跟风，最终可能因水土不服或者严重的同质化竞争而失败。二是重形式轻配套。有些地方政府在发展农村电商的过程中一味追求在"硬件设施"上大做文章，最终因缺乏实质性的经营管理而使得大量的村级电商站点沦为"僵尸网点"。不仅浪费了大量的资源，也使得农户质疑数字乡村建设的必要性和重要性。三是重宣传轻培训。欠发达地区农村电商基础薄弱，于是盲目要求农户开拓线上销售渠道。实际上，广大农户因其自身数字技术素养较低等原因并不能较好利用数字技术进行农产品的线上销售。同时，农户在产品策划、市场营销等方面明显能力不足，发展农村电商缺乏内生性动力。

许多欠发达地区在推进农村电商发展的过程中并未基于自身区域特点发挥出比较优势。农村电商的出现和发展为欠发达地区农户增产增收带来了前所未有的机遇，但简单模仿和盲目发展反而浪费了区域特有的资源优势，最终导致在同质化的竞争中逐渐被市场淘汰。农村电商的发展是欠发达地区数字乡村建设的重要组成部分，也是增加农户收入、实现共同富裕的重要途径。但要注意欠发达地区农村电商发展一定要符合本地区的资源禀赋，多数地区更适合发展粮油棉等主要农产品的生产加工，遵循宜粮则粮、宜菜则菜、宜林则林、宜果则果、宜旅则旅、宜文则文，不能为了迎合短期的市场需求而违背当地自然资源和区位条件盲目发展农村电商。

（三）政府过度干预，数字乡村建设主体缺位

数字乡村是由政府主导、市场、社会和农户等多方利益主体共同参与建设的系统性工程。数字乡村建设能否顺利深入推行关键在于多方利益主体是否能够各司其职、扮演好数字乡村建设中的角色并实现有效的配合（赵晓峰、褚庆宜，2023；上官莉娜等，2024）。欠发达地区数字乡村建设却面临着主体缺失、责任不明的情况，严重阻碍了欠发达地区数字乡村建设的顺利开展。

政府过度干预是导致欠发达地区数字乡村建设发展缓慢的原因之一。政府过度干预表现在 3 个层面：一是地方政府确定区域数字乡村建设的规范标准时，不考虑实际情况将数字乡村建设的相关任务下放到村"两委"。在科层体制下，村"两委"作为数字乡村建设最重要的实施主体，为了完成上级下达的任务而陷入了极其被动的局面。一旦相关规范标准并未建立在有效的实地调研基础上，数字乡村建设往往浪费了大量的人力、物力。二是村"两委"在具体参与当地数字乡村建设的过程中未接受有效的监督。尤其在社会经济发展较为落后的欠发达地区，农户数字化素质普遍偏低，许多农户并未了解数字乡村建设，对于村"两委"有关数字乡村建设的活动甚至并不知情，更不能对村"两委"实施有效的监督。数字乡村建设往往成为村"两委"应付考核所做的工作。三是地方政府和村"两委"在数字乡村建设中的过度干预使得市场力量、社会主体难以有效介入。数字乡村建设是具有强正外部效应的系统性工程，在

欠发达地区其正外部性更强。因此，需要政府作为主导力量积极引导市场和各方社会力量加入数字乡村建设，通过市场的检验、社会参与、农户监督协力促进数字乡村建设得又好又快。

欠发达地区数字乡村建设的长期性和艰巨性决定了需要政府、市场、社会和农户的广泛深入协作。政府应主要起到掌方向、定规范、促引导、作监督的作用，市场和社会主体作为最为活跃的参与者则主要依据市场规则为数字乡村建设提供源源不断的资金和智力支持，农户作为数字乡村建设的直接参与者和受益者应顺应时代发展潮流结合自身实际情况不断提高数字素养并做好监督。多方主体共同参与、协同发力才能顺利推进欠发达地区的数字乡村建设。

（四）数字政府建设投入高，数字乡村建设重点偏移

数字化治理要求数字政府建设但不等同于数字乡村建设。数字乡村建设的本质是将数字信息技术应用到农业生产、农村建设、农民福利的各个方面，以此实现乡村现代化转型。作为政府主导项目，政府数字化建设是数字乡村建设工作的起点，数字化政府建设水平决定了基层数字治理、数字化服务、农业绿色转型的进程（李燕凌、苏健，2024）。正因为数字政府建设的重要地位和作用，许多欠发达地区政府误将数字乡村建设等同于数字政府建设，前者的主要对象是农业、农村、农民，后者的对象仅为地方政府，数字乡村建设的工作重点发生了偏移。

欠发达地区数字乡村建设涉及乡村数字基础设施建设、智慧农业、乡村数字经济、基层数字治理、乡村网络文化、智慧绿色乡村、乡村公共服务和农村普惠金融等多个方面。当前数字乡村建设往往更倾向于政府部门的数字治理和公共服务方向，对于智慧农业

等其他方面并未给予足够的重视。这里反映出部分欠发达地区数字乡村建设的重心更倾向于政府部门本身，而非农业、农村、农民。即使许多欠发达地区在集成数字治理和公共服务上投入了大量的时间精力，也并未真正起到治理和服务的作用。许多农户对当前电子设备并不了解，一旦需要去政府部门办理一些手续将面临烦琐的数字化流程，此时多数农户并不知道如何应对，往往需要耗费大量时间精力去咨询每个环节需要准备什么材料、具体该如何操作，有的农户因准备不足甚至需要多次才能将事情处理好。数字化建设确实可以提高办事效率，但也应考虑到农户自身数字化素养普遍偏低的现实情况，不能一味为了追求数字化而改，甚至仅仅为了应对上级任务而简单地只进行数字政府的建设，忽视农户最切实的需求和利益。

数字政府的建设是开展数字乡村建设的重要组成部分，但不是数字乡村建设的全部（尹博文，2022）；是数字乡村建设的起点，但绝不是数字乡村建设的终点。欠发达地区在进行数字政府建设时始终需要严格遵循开展数字乡村建设的目的和根本宗旨，即以农户的实际需求为出发点，利用数字化和信息化技术促进农业农村的发展、改善农户的生活条件、提高农户的生活福祉。

（五）考核监督过度数字化，乡村治理易僵化

乡村治理过程中过度依赖数字信息技术容易导致数字化形式主义。数字化形式主义主要是依靠数字化管理、线上台账管理等形式和手段，造成具有脱离群众和忽视现实等特征的形式主义现象（陈新，2021）。数字化形式主义形成的原因主要在于数字乡村治理过程中科层制度下压力型体制中简单机械使用数字化考核和监督。欠发达地区社会经济条件相对落后，乡村基层治理人员数字化素质相对也比较低。面对上级派发下来的数字化治理任务，压力型的体制下欠发达地区乡村基层治理人员难以在短时间内较好地理解和消化，为了完成相关考核任务容易采用特殊办法来应对上级的监督和考核。与此同时，当前欠发达地区政府对于乡村基层治理部门的监督考核也逐渐向数字化和信息化转型。具体来说，在数字化、信息化监督考核体制下，许多具体的问题成为冷冰冰的数字和文字游戏，乡村治理人员尤其是基层治理人员可能会迎合上级考核指标，掩饰其实际工作中存在的诸多问题。虽然这种监督考核方式效率高、速度快，但也极容易忽视乡村治理过程中出现的隐藏问题和一些只能实地调研才能发现的问题。乡村治理过度数字化和信息化导致的数字化形式主义不仅会使得乡村治理越来越偏离乡村居民的生活实际，久而久之广大居民也会逐渐对乡村治理机构和人员失去信心，严重损害政府的公信力。

乡村治理过度数字化和信息化增加了基层工作人员额外负担，容易产生工作疏漏（赵雪芬、冯晓阳，2024）。欠发达地区乡村居民分布一般都比较分散，基层工作人员在进行相关工作时往往需要建立许多 QQ 群和微信群等工作群，各类工作群里事务纷繁复杂，基层工作人员需要消耗大量的时间和精力对其进行分辨筛选，进而有针对性地到相关居民家解决问题。除此之外，欠发达地区许多区域居民例如老年人并不熟悉智能手机等电子产品的使用，许多问题难以通过网络反映。基层工作人员每天处理线上的问题已经耗费了一天当中的大部分时间，而不熟悉甚至不会线上反映问题的居民群众容易成为被忽视的群体。

更重要的是，乡村治理要将数字化、信息化技术与乡村社会中传统的文化、观念、习俗和习惯结合起来。在传统乡村社会，基层治理往往要考虑许多人情关系和社会网络，欠发达地区乡村中这一特征更为明显。当前数字技术的介入使得乡村治理越来越朝向非人格化的方向发展，简单的数字信息难以反映乡村治理中需要解决的问题的复杂性，导致基层治理人员难以深入了解问题，也难以将相关问题处理好。因此，欠发达地区乡村治理不仅仅需要数字化的技术，也需要将传统的实地调研、沟通的工作方式融入其中。数字化技术带来乡村治理便捷性的同时，实际上反映了技术发展带来的"硬治理"，这种乡村治理方式往往缺乏传统乡村治理看重的情感关系。因此，当前欠发达地区乡村治理数字化需要注入传统乡村治理中的人情关怀。唯有如此，数字化技术带来的效率提高才能真正转化为乡村治理的实际效果。

第六章 他山之石：国内外数字乡村建设的实践与启示

在全球经济系统中，数字经济作为一种全新的经济形态，逐渐成为各国实施创新驱动经济高质量发展的重要引擎。随着中国式现代化的深入推进，良好的发展环境为更好地发挥数字经济赋能效应带来了重要的机遇。在"三农"领域，数字经济正逐渐成为克服农村贫困、消除城乡信息障碍的关键工具（高峰，2021）。数字乡村作为数字中国建设的重要内容，随着互联网、大数据、人工智能等技术的不断发展，数字乡村建设正在不断推进，为农村经济发展注入了新的活力，已经成为乡村振兴战略的新引擎，同时也是助力中国农业强国实现的重要战略力量。相较之下，发达国家对数字经济战略的应用和实践与对农村经济发展的探索起步较早，不同国家虽然处在不同的经济发展阶段，但是都在数字农业发展、数字乡村建设等方面进行着不断的实践与探索，都注重数字经济与农业、乡村的融合发展。这些国家在数字农业和数字乡村建设方面的实践，不仅推动了农业农村现代化进程，也促进了数字经济的快速发展，其经验和成果为全球范围内的数字农业和数字乡村建设提供了有益的借鉴。

近年来，中国在不断探索数字乡村建设，在这一过程中，中国政府采取了一系列措施，包括加强基础设施建设、推广数字化技术、培养数字化人才、注重与国际社会的合作与交流等，因地制宜地形成了适合区域发展的数字乡村建设典型案例和应用场景，积累了丰富的经验，为欠发达地区数字乡村建设提供了经验参考。本章将依据我国乡村发展的现实困境，全面梳理和总结国内外数字乡村发展的模式和可借鉴经验，以期探索出适合我国，特别是欠发达地区的数字乡村建设路径。

一、国外数字乡村典型实践场景与经验启示

（一）美国：建立以农村信息服务体系为核心的多元共进的发展模式

19 世纪中叶伊始至今，美国经历了"传统农业社会—工业社会—信息社会"的转变历程，农业信息化建设高度发达。美国农业农村信息化建设开始于 20 世纪 50 年代。自 20 世纪 90 年代起，美国政府每年投入超过 10 亿美元用于建设农业信息网络，得益于数字技术的迅猛发展，美国乡村的数字化进程得到了有力的推动（梅燕，2021）。这个进程不仅改变了乡村的面貌，也提高了农民的生产效率和生活水平。2009 年美国为提升人均宽带接入率，加大财政投入力度，共拨款 72 亿美元专项用于宽带和无线互联网接入项目的建设。2020 年，美国联邦通信委员会拨出 20 亿美元专项基金，专门用于解决尚未覆盖网络的农村地区网络基础设施建设问题。此外，美国十分重视颁布相关法案法律的保障机制建设。20 世纪 90 年代至今，美国陆续颁布了电信法、网络中立法案、国家网络安全战略、国家安全战略等，这一系列法律、文件的出台，使美国形成了更为系统的网络安全战略体系，为数字乡村建设的顺利实施提供了良好的保障。

经过多年发展，美国已经建立了一个以农业部及其附属机构为核心，以44个州农业部门为分支机构的农村信息系统，整合了数据收集、产前和中期预测、备灾和防灾等各类服务，已成为全球农业数字化程度最高的国家之一。相关研究统计数据显示，2015年美国采用精准农业技术的农场占比高达83%以上，使用GPS自动导航技术的农场占比超过82%。2017年，美国通过互联网开展业务的农场占比超过62%。此外，美国建设了一系列与农业发展紧密相关的数据库，如PESTBANK数据库、BIOSISPREVIEW数据库、AGRIS数据库、AGRICOLA数据库等，这些数据库涵盖了农业领域的各个方面，包括农作物品种、农业生产技术、农业生态环境、农业政策等，为农民提供了更加全面、准确的信息服务，帮助农民更加方便地获取农业生产信息和管理信息，从而更好地指导农业生产。同时，这些网络技术也为农民提供了更加便捷的农产品销售渠道，帮助他们更好地开拓市场。总之，农业科技和数字技术对美国农业发展的贡献十分明显。

美国在数字乡村的构建过程中，采用了多元并进、协同发展的矩阵式发展模式（梅燕，2021）。具体来看，该模式包括"基础型"和"延伸型"两大模块。其中，基础型模块以政府为主导，加强以乡村网络为主的硬件建设和以立法保障为主的软件建设，突出表现为政府财政投入、宽带项目规划和网络安全法案，这也是美国数字乡村建设的重要基础。延伸型模块主要包括3部分内容：一是通过发展面向未来的数字教育框架、推广数字化教学，以实现消除城乡数字知识鸿沟的目标；二是通过改进农业生产技术、建立农业生产数据库，以实现促进农业生产技术研发的目标；三是通过开发电子交易平台、拓宽农产品销售渠道，进一步促进农村电子交易市场的繁荣。

美国数字乡村建设的特点主要包括以下几个方面：第一，起步阶段以政府为主导的资金支持和立法保障为数字乡村建设奠定了坚实的基础。第二，在数字乡村硬件、软件基础设施建设的前提下，注重通过现代信息技术提高城乡教育的公平性，提高乡村人才质量，尤其是乡村人才的数字素养。第三，注重农业数字化生产技术的研发与应用推广，较好地处理了数字乡村建设行动中农业数字化生产技术理性设计与感性设计存在的矛盾。第四，注重农产品电子商务平台建设。美国的大中型农场已经实现了100％的互联网覆盖。此外，美国拥有超过近千个农产品交易网站，这些平台在专业化和集中化方面表现出色，能够为农产品的销售提供全流程服务（茹丽洁，2022）。此外，通过与期货交易平台密切合作，农户可在农产品上市前与期货平台签订合同，拓展销路的同时大幅缩短产销流程。

（二）日本：立足小农实际，建立集约式数字乡村建设模式

相较于以规模化、高度机械化为特征的美国农业，日本农业发展呈现人多地少、土地稀少、小农经营模式、农业劳动力老龄化、农村地区各种农业资源相对匮乏等特征。针对农业发展各方面的瓶颈，日本将破解重点放在了发展智慧农业，工业化生产与自动化生产相结合的集约化模式，提升农业自动化、信息化水平上（江洪，2018）。因此，总体而言，日本是集约型数字乡村建设的典范，政府在农业信息化领域全面指导，对农业前沿技术深入普及与推广，这些因素共同作用并形成了显著的联动效应（刘淑华等，2010）。具体实践及特点体现在以下几个方面：

一是注重相关制度体系的制定和完善，确保日本数字乡村建设

的有序开展。日本政府加强对数字乡村建设的顶层设计，制定了全面的战略规划。例如，2001年起，日本政府将农业信息化上升至国家战略，先后颁布了"E-Japan"（2001—2005年）、"U-Japan"（2004—2010年）和"I-Japan（2015）"，致力于建设互联网、宽带以及推动医疗、健康和教育等领域的数字化。

二是建立了完善的农业农村信息服务体系，加快推进农业农村数字化进程。在20世纪90年代初期，日本构建了一个全国性的农业技术信息服务系统，旨在为农业发展提供包括技术支持、市场供需及价格信息、病虫害状况和天气预报在内的多项信息服务。后来逐步建立了县级农业技术信息服务系统，更好地服务于农业生产。此外，日本的数字农业发展模式强调将现代信息技术与传统农业技术相结合，形成技术集成。其具体功能包括数据信息管理、农产品质量监控、生产环境控制、病虫害防控、农作物筛选、自动采摘等。这种集成技术对于提升智能化技术在农业中的替代作用、解决日本农业劳动力老龄化问题具有重要的意义。

三是注重通过培训提升农业从业者的数字素养。在培养数字经济领域的专业人才方面，日本构建了一个结构清晰的教育体系，涵盖了农业类中学、农业高等院校、民间研修教育机构以及就农准备校（钱静斐，2021）。该体系将人工智能、物联网技术、农业机械自动控制等前沿农业信息技术整合进农业实践和培训课程中，这对于提高农业从业者的数字化技能起到了至关重要的作用。

（三）法国：建立多元信息服务主体共存的数字乡村建设模式

法国作为欧洲第一大传统农业生产大国，由于领土面积的局限性，法国绝大多数农业经营采取的是中小规模农场的模式。法国十分重视农业科技研发，将数字科技作为重点发展领域。近年来，法国通过政策引导、资金支持等方式极大地促进了数字技术在农村地区的广泛应用和普及，推动了传统农业向数字农业转型。

在数字乡村建设模式特征上，与美国、日本相比，法国模式更注重政府、农业合作组织和私人企业等多元主体协同推动法国乡村数字化进程。首先，政府在农业信息服务、数字乡村建设中占据了主导地位，主要职责包括维护秩序，保障法国农业生产、销售环节的顺利开展；公布农业供需、农产品市场价格等信息，为农业生产者生产决策提供参考依据。其次，法国的农业合作组织形式多样，职能定位清晰，具有半官方的性质，多数处于和农民交流的"第一线"，不仅为农民提供了技术支持和培训，还帮助他们与市场对接，拓宽销售渠道。此外，这些合作组织还经常组织各种农业活动，如展览、论坛等，为农民提供了交流和学习的平台，更好地满足农民的需求，促进法国农业的发展。其中，法国最大的农业工会组织，即全法农业工会联合会（现法国农业经营者工会联合会），成立于1946 年，其主要职能是向农民提供农业技术、农场管理、相关法律等方面的信息支持。最后，在法国农业信息化服务体系中，私人企业以其灵活性和创新性成为一股不可忽视的力量。它们提供的服务不仅满足了农民的个性化需求，还为法国数字乡村建设注入了新的活力。这些私人企业通常拥有专业的技术团队和丰富的行业经验，能够针对不同农业生产领域的实际需求，提供定制化的解决方案。无论是智能化农场管理、农产品溯源系统，还是农业咨询服务，私人企业都能凭借其专业知识和技术优势，为农民提供高效、便捷的服务。在法国数字乡村建设的大背景下，私人企业还积极参与农业数字化转型的过程。它们不仅提供技术支持，还与政府、研究机构和农民密切合作，共同推动农业信息化水平的提升。通过不断创新和完善服务模式，私人企业为法国农业的可持续发展作出了重要贡献。

（四）加拿大：建立信息资源整合与共享的数字乡村建设模式

在推进数字乡村建设的过程中，只有打破信息壁垒，实现数据的自由流通，才能真正推动乡村的数字化进程，因此，加拿大高度重视信息资源的整合与共享。为了达成这一目标，加拿大采取了一系列实际措施。一是加强了乡村地区的信息基础设施建设，确保了网络的全覆盖和高速度。二是通过政策引导和资金支持，鼓励各行业、各部门之间的信息交流与合作。三是特别注重保护信息的安全和隐私，制定了一系列严格的法规和标准，确保数据的合法使用。多措并举使得加拿大的数字乡村建设取得了重要进展，信息资源的整合与共享不仅提高了政府和企业的效率，还为乡村经济的转型发展注入了新的活力。农民们通过信息技术手段，提高了农业生产效率，增加了收入。同时，数字乡村建设也为乡村居民提供了更加便捷、高效的生活服务，改善了乡村居民的生活质量。

加拿大的成功经验表明，信息资源的整合与共享是数字乡村建设的关键所在。这也为世界其他国家提供了一个值得借鉴的模式。

（五）共性经验总结

通过以上对美国、日本、法国、加拿大数字乡村建设模式的现状、成效及特点的分析发现，鉴于各国农业发展的历程、经营规模以及所面临的实际问题各不相同，各国在推进农业信息化和乡村数字化建设时，所采纳的发展策略、具体模式以及实现路径也呈现出显著的差异性。但深入分析不难发现数字乡村建设是一个长期而复杂的过程，需要从多个方面推进和实践，促进各国数字乡村建设离不开制度的顶层设计、数字基础设施建设、数字素养提升、数字技术的应用，这样才能更好地推动数字乡村建设的发展，促进农业现代化和农村经济社会全面发展。

1. 强化政府宏观指导作用，注重顶层设计

顶层设计是数字乡村建设的基础，需要从宏观层面进行规划和管理。在发达国家，数字乡村的建设和发展往往依赖于政府政策的积极推动和引导。政府在这一过程中扮演着至关重要的角色，通过制定一系列的政策措施和法规，为数字乡村的建设提供坚实的基础和支持。这些政策措施可能包括提供财政补贴、税收优惠、技术支持和人才培养等方面，旨在促进乡村地区的信息化和数字化进程。政府的主导作用不仅体现在政策制定上，还体现在具体的实施和监督过程中，确保各项措施能够得到有效执行，从而推动乡村地区的经济和社会发展。各国应该根据自身的实际情况和发展需求，制定符合本国国情的数字乡村发展战略和规划，明确发展目标、重点任务和实施路径。同时，还需要加强跨部门、跨领域的协调配合，形成合力，共同推进数字乡村建设。在此基础上，需要加强相关法律法规的制定和完善，加强对数字乡村建设的监督和管理，保护数据安全和隐私权，规范市场秩序和竞争行为，推动数字乡村建设的可持续发展。

2. 推进数字基础设施建设，铸就良好数字乡村建设环境

数字基础设施建设在数字乡村建设中起到至关重要的作用。它不仅是乡村经济发展的基石，也是乡村社会进步的重要支撑。在当今信息化社会，数字基础设施的建设水平直接影响到乡村的数字化进程和现代化水平。一是发达国家皆是结合实际情况，针对乡村的地理特点、经济条件和发展需求，在数字基础设施建设方面进行了因地制宜的布局。一些国家在偏远地区加强网络覆盖，提高网络速度，以满足当地居民的基本需求。二是发达国家还注重数字基础设施的可持续发展。他们不仅关注设施的建设，更重视设施的运营和维护。通过制定科学合理的发展规划，确保数字基础设施建设的长期稳定发展，从而为乡村的可持续发展提供有力保障。此外，在数字乡村建设中，需要开发适应农业农村特点的信息技术应用场景，促进信息技术与农业生产经营、农村公共服务等领域的深度融合。例如，可以利用大数据技术分析市场需求和农产品价格走势，帮助农民合理安排生产和销售；可以利用物联网技术实现农业远程监控和智能化管理，提高农业生产效率和农产品质量安全水平；可以利用移动互联网技术为农民提供在线教育、医疗、文化等服务，提升农民生活质量和幸福感。

3. 重视信息人才培养，提高农业从业者数字素养

数字经济发展背景下，农业从业者正面临着众多挑战，突出表现在农业从业者由于其年龄偏大，受教育程度、专业技能、就业经验、知识结构总体层次较低，难以适应数字技术的要求，可能会面临被劳动力市场淘汰的风险。因此，根据国外数字乡村建设经验，在加强数字基础设施建设的同时，还应注重数字心智水平的提高，也就是农业从业者的素质素养，这是数字乡村建设平台、数字乡村建设应用落地的关键要素之一。为提升农民的信息化素养，促进农业产业的快速发展，一要加强农民的计算机、智能手机等终端使用技能培训，使其能够更好地利用现代信息技术进行农业生产、经营、管理等方面的知识学习。二要鼓励农民通过社交网络媒体获取农业知识，以拓宽其信息来源和学习渠道。三要加强农产品质量安全追溯等农业信息系统的应用，提高农产品质量安全水平，保障消费者的权益。四要提升农户对农产品电子商务的采纳利用效率，推

动农业产业的电商化转型，进一步拓展农产品销售渠道和市场空间。

4. 利益相关主体协同共建，保障数字乡村建设的可持续性

在当今时代，5G、大数据、云计算和人工智能等尖端技术正以前所未有的速度改变着各行各业的发展轨迹。这些技术不仅在工业和服务业中取得了令人瞩目的成就，在农业领域也展现出巨大的潜力和前景。然而，与其他行业相比，农业领域的信息化建设仍处于探索时期，面临着诸多挑战。为了推动农业信息化建设的可持续发展，在重视政府顶层设计的作用的同时，应十分注重完善市场机制以及多元化市场主体（如社会资本、企业、科研院所、高校、金融机构、集体和个人）协同参与。只有当科研成果真正转化为实际应用，才能充分发挥其在农业信息化建设中的价值。

二、国内数字乡村典型实践场景与经验启示

（一）浙江遂昌：从"农村电商"到"数字乡村"

1. 基本情况

浙江省作为我国经济发展水平较高的地区，近年来围绕数字经济"一号工程"，对标"重要窗口"新目标和新定位，大力贯彻落实《数字乡村发展战略纲要》，在数字经济领域取得了显著成就，在全国处于领先地位。尤其在推动 26 个后起县高质量发展、探索解决发展不平衡不充分问题方面，浙江省的经验与启示具有广泛的借鉴价值。本书选取浙江省遂昌县，主要考虑到遂昌县是浙江省典型的山区县，作为浙江 26 个后起县之一，在发展中面临着欠发达地区普遍存在的拥有良好的生态环境、但信息相对闭塞、公共服务建设普遍滞后，农产品销售渠道窄、综合效益低，青壮年劳动力人才外流等现实问题，其经验对于欠发达地区县域数字乡村建设更有

借鉴意义。

2. 主要举措

遂昌县作为典型的山区县和老区县，拥有得天独厚的地理环境，青山绿水、特优产品是其显著优势。然而，地处偏远山区以及产业基础薄弱等不利因素也制约着遂昌县的经济发展。近年来，遂昌县以解决山区农村生产生活的根本问题为出发点，坚定地践行绿水青山就是金山银山的理念，全面推进"品质化升级、组织化发展、数字化赋能"的战略布局。通过深入实施数字化赋能乡村全面振兴的新模式，积极推动"互联网＋农产品出村进城"工程和数字农业工厂建设，初步构建了数字乡村的底座框架，显著提升了农业生产、经营、管理服务的信息化水平。通过培育和扶持农村电子商务发展，成功构建了知名的"赶街"模式①，在"绿水青山"与"金山银山"之间搭建起了一条崭新的通道。2022年，遂昌县生产总值增速位居丽水市首位，农林牧渔业增加值和产值均实现同比增长。数字乡村建设的主要举措可归纳为以下几个方面：

第一，以数字新基建为支撑，加快乡村数字化转型。遂昌县致力于实现城乡网络一体化，加快乡村信息基础设施的更新换代，并加大普及力度。同时，深入推进5G网络建设和农村互联网的部署工作，以进一步提高乡村地区的信息化水平。2022年，遂昌县家庭宽带的安装数量已经突破了10万户，这不仅表明家庭宽带在全县范围内的普及程度，也反映了农村互联网的快速发展。遂昌县不仅在县城地区积极推广家庭宽带，还深入到各个行政村，为村民提

---

① "赶街"模式是指"电商服务平台＋村级服务站"的"OTO"模式并由此衍生出的完整农村电商生态体系。

供便捷、高速的网络服务，行政村通宽带比例达到了100％。除了家庭宽带之外，5G网络的发展也是农村互联网的重要组成部分。截至2022年，遂昌县已经建成了655个5G基站，覆盖率达到90％，这意味着在大部分地区，用户都能够享受到5G的高速网络服务。此外，"雪亮工程"也是农村互联网发展的重要一环。这一工程旨在通过安装监控摄像头和视频监控系统，提高农村地区的安全防范能力。截至2022年，全县"雪亮工程"的覆盖率已经达到100％，这意味着每个角落都有监控设备的覆盖，为农村的安全提供了有力保障。为了促进大数据、云计算、区块链和信息科技等新兴数字经济服务行业的进步，遂昌县已采取一系列有效的措施。为了实现各方资源与技术优势的优化配置，促进创新链、产业链、人才链、资本链和价值链的紧密结合，在数字产业平台上与阿里云、网易等20余家数字企业展开了紧密的合作。

第二，以数字新业态引领数字乡村建设。遂昌依托自身资源优势和产业基础，积极推进数字化技术与农业、乡村文化的融合，发展新型农业、文旅产业等数字乡村新业态。例如，利用5G技术、物联网技术、大数据分析等手段，推进智慧农业建设，提高农业生产效率和质量；同时，借助数字创意、网络直播等新型业态，推动乡村文旅产业的发展，打造特色鲜明的乡村旅游品牌。这些新业态的发展不仅为乡村经济注入了新的活力，也带动了乡村产业的转型升级。

第三，利用数字化手段创新农业经营模式。遂昌电商模式始于2010年，其核心是农村电商综合服务商分销平台。近年来，遂昌县在品牌打造和营销培训方面与阿里数字乡村等团队合作，共同推进当地农业电商的发展。遂昌县精心打造的电商产业园以及数字乡村公共服务中心（任秦，2023），不仅为当地农民提供了现代化的销售渠道，还为他们提供了全面的培训课程，帮助他们掌握电商知识，提升产品竞争力。直播平台的搭建让农民能够直接与消费者互动，展示产品的种植、收获过程，增加了产品的透明度和消费者的信任度。同时，创客空间的设立激发了乡村创业的活力，鼓励年轻人回乡创业，为乡村经济注入新鲜血液。物流服务的优化确保了农产品能够快速、安全地送到消费者手中，而产地仓的建立则进一步提高了农产品的储存和配送效率。这些举措不仅提升了当地农产品的知名度和竞争力，也为农民提供了更多的销售渠道和创业机会。通过与阿里数字乡村等团队合作，遂昌县在品牌打造方面取得了显著成果，共同打造了一系列具有地方特色的农产品品牌，提升了产品的附加值和市场占有率。此外，遂昌县邀请了专业的电商培训师为当地农民开办一系列的培训课程，课程内容涵盖了电商运营、直播带货、农产品包装设计等方面，帮助农民掌握了电商销售的技巧和知识，许多农民成了当地的电商能手。同时，在政府引导与企业经营相结合的模式中，遂昌县充分利用了县邮政分公司延伸至乡村的投递网络，成功打通了农产品的线上线下流通渠道，从而促进了农村经济的发展。

第四，以数字新治理赋能数字乡村建设。遂昌县注重运用数字化手段提升乡村治理水平，推动乡村治理的智能化、精细化。例如，成功开发了"i遂昌""乡村百事通""信用多村"等多个应用集群，这些应用集群不仅展示了基层政府数字化综合治理能力，还为提高治理效率和公共服务水平提供了有力支持。建设数字化服务平台，开通乡村事务的在线办理、信息查询、政策咨询等功能，提高了服务效率和群众满意度。例如，农民可以通过查询"百姓通"

中的各类数据情况，了解补贴发放和惠农卡补贴情况。这一举措不仅打通了数字化改革在农村的"最后一公里"，使得智能技术更好地服务于农村用户，还解决了智能技术的"适老化"问题，帮助老年人顺利地跨越数字鸿沟，充分体现了政府对农民和老年人群体的关怀和扶持。同时，借助大数据分析、人工智能等技术，加强对乡村社会风险的监测和预警，增强乡村社会的稳定性。

3. 经验启示

通过分析遂昌县数字乡村建设的主要举措，项目组深刻地认识到，在欠发达地区，虽然存在一些劣势，但同样拥有独特的优势。当前社会，乡村生态功能备受重视，绿水青山的经济价值和社会价值逐渐显现。要实现这一目标，关键在于如何借助数字技术的力量，通过发展农村电商、实施品牌建设和数字乡村建设等措施，充分挖掘和发挥当地农文旅特色优势。只有这样，才能有效地推动欠发达地区的乡村全面振兴进程。遂昌县正是通过以数字新基建为支撑、以数字新业态为引领、以数字新治理赋能为手段，着力发展数字经济，全面建设数字乡村，在以往电商兴县的基础上，进一步探索出融合"生态、科技、数字经济、增收致富"的欠发达山区数字乡村发展道路。

(二) 湖南永顺：政企"组合拳"推动脱贫地区地域特色产业发展

1. 基本情况

湖南省永顺县曾经是国家扶贫开发工作重点县，也是湖南省内深度贫困的县份之一。多年来，永顺县生态环境良好、旅游资源丰富、农业产业集约发展，产业化水平快速提升。永顺县猕猴桃、柑橘、莓茶、松柏大米这 4 种农产品，以其独特的品质和地理特色，获得了国家农产品地理标志认证，成为享誉全国的地理标志农产品，相关产业成为永顺县农民增收致富的重要支柱产业。然而，随着市场的不断变化和消费者需求的日益多样化，永顺特色农业产业发展也面临着一些明显的瓶颈（赵俊晔，2023）。第一，品种改良迭代慢。永顺地区虽然有着丰富的农业资源和独特的品种，但由于缺乏先进的育种技术和资金支持，使得品种改良的速度相对较慢，这不仅影响了农产品的品质和产量，也制约了产业的升级和发展。第二，种植生产方式较为传统。许多农户仍然采用传统的种植方式，缺乏现代化的农业技术和设备支持，这不仅降低了生产效率，也限制了农产品的附加值和竞争力。第三，农产品品牌影响力弱。尽管永顺地区有着丰富的特色农产品，但由于缺乏有效的品牌营销和推广，使得消费者对产品的认知度不高。这不仅影响了产品的销售和市场占有率，也制约了产业的可持续发展。第四，销售渠道相对单一。永顺特色农产品主要依靠单一的销售渠道，传统的销售模式不仅限制了产品的销售范围和规模，也使得农户难以获得更多的市场信息和商机。第五，精深加工水平低。永顺地区的农产品加工企业数量较少，且加工技术相对落后，主要以初级加工为主。第六，产业链分散，缺乏溢价能力和增值能力。目前，永顺特色农业产业的各个环节相对分散，缺乏有效的整合和协同。

针对传统农业产业所面临的困境，永顺县深刻认识到加速产业数字化转型、建设数字乡村的必要性和紧迫性。当地政府紧紧围绕四大特色农产品，积极推动九大产业齐头并进，致力于建设数字化智慧农业示范基地，全力打造湘西地区特色农业高质量发展样板。

2. 主要举措

第一，建立智慧农业基地，对整个产业链进行全面数据采集工作。智慧农业，是一种将科技与农业生产相结合的新型农业模式。

通过物联网、大数据、人工智能等先进技术的应用，实现对农业生产全过程的高度智能化、精准化管理。永顺县在老司城猕猴桃种植基地建立了 25 个智慧种植 IOT 设备及物联网操作系统。其中，猕猴桃基地 18 个，柑橘基地 7 个，总面积达到了 49 000 余亩*。采集数据涵盖了土壤、气候、病虫害、产量等多个方面，为农业生产的科学决策提供了有力支撑。这些可视化工具的应用，使得整个产业链的监测变得更加直观、便捷。在此基础上，强化数字服务平台的建设，以便为产业园区、永顺县的相关种植合作社和农户提供一系列的数字化服务。这些服务包括但不限于产销对接、农资采买、农技培训、园区资源申请以及产业资讯等，旨在通过产业链的数字化转型，引导和帮助农户更好地融入并发展。同时，还借助农业社会化服务和基地数字化改造的力量，全面提升全产业链的服务质量和效率。

第二，为了确保特色农产品在网络销售渠道中的畅通无阻，供应链的两端需要共同努力，紧密合作。首先，农产品的生产者和供应商必须保证产品的质量和供应的稳定性，确保产品从源头上符合市场需求。同时，他们还需要优化包装和物流流程，减少在运输过程中的损耗，提高产品的送达效率。

第三，电商平台和销售渠道也需要提供强有力的支持。他们需要建立完善的物流体系，确保农产品能够快速、安全地送到消费者手中。此外，电商平台还应加强与消费者的互动，通过精准的市场推广和优质的售后服务，提升消费者的购买体验和满意度。

第四，通过供应链两端的共同努力，有效解决特色农产品在网

---

　*　1 亩＝1/15 公顷。——编者注

络销售渠道中可能遇到的各种问题，从而确保销售渠道的畅通无阻。湘西地区在建设菜鸟产地仓的过程中，需要充分考虑当地农业产业的实际情况特点和农民的切实需求。例如，针对猕猴桃和柑橘等不同农产品的特性，需要采取不同的储存和运输方式，提供更加精准的物流服务。在当前的农产品销售市场中，面临着诸多挑战，尤其是生产和销售之间的衔接问题尤为突出。为了解决这一难题，引入了当下非常流行的直播带货模式，通过邀请知名主播进行现场直播销售，吸引了大量消费者的关注。这种新颖的销售方式不仅提高了农产品的知名度，还极大地提升了消费者的购买意愿。与此同时，与多家知名电商平台展开了深度合作，共同推动农产品的产销对接。例如，与盒马鲜生、淘菜菜、菜鸟驿站等平台建立了合作关系，通过这些平台的广泛销售渠道，可以将优质的农副产品直接送到消费者手中。这种合作模式不仅解决了农产品滞销难卖的问题，还为消费者提供了更加新鲜、优质的农产品。

第五，深入挖掘文化资源、积极引入数字化技术，打造独具特色的品牌形象，提升产业的竞争力和吸引力。在当今社会，品牌宣传的重要性不言而喻。而文化作为品牌内涵的重要组成部分，对于提升品牌形象、增强品牌吸引力具有不可替代的作用。在农文旅领域，数字化融合已经成为一种趋势，它为文化与品牌的结合提供了更广阔的空间。永顺借助阿里巴巴的资源与影响力，深入挖掘永顺的文化、历史和产业元素，精心设计一系列宣传形象和文创商品。除了宣传形象和文创商品的设计，阿里巴巴还为永顺的特色初级农产品和企业品牌商品统一了形象包装和品牌标识。这一举措不仅提升了产品的市场竞争力，更有助于树立永顺的整体品牌形象，进一步扩大其知名度和影响力。在促进旅游产业发展的同时，也为当地培养数字服务人才、促进就业创业提供了契机。

3. 经验启示

湖南永顺，曾经是武陵山片区的国家级深度贫困县，面临着巨大的贫困挑战。脱贫攻坚时期，永顺县充分利用当地的气候条件和土地资源，大力推广猕猴桃等特色产业，带动了当地经济的发展和农民的增收，成功铺就了脱贫致富路。相较于发达地区，农业产业基础仍然较薄弱，农业人才缺乏，数字化建设更是滞后。借助何种手段培育壮大乡村特色产业，实现巩固拓展脱贫攻坚成果同乡村振兴有效衔接成为面临的重要问题，这也是欠发达地区和其他脱贫区域普遍存在的现实问题。

从湖南永顺实践经验来看，主要有以下几点值得思考借鉴。一是永顺县特色产业的数字化创新是多元主体协同参与推动的结果。其中，政府主要任务是政策引导和资金支持，企业（阿里巴巴）以技术优势和品牌效应参与农业信息化建设。政企协作的模式很好地解决了数字乡村建设不可持续的问题。二是要抢先机、通链条，打造数字化平台。通过集成"种产供销"全链路数据，更好地掌握市场需求、优化生产流程、提高供应链效率。

第七章 欠发达地区数字乡村建设思路与路径优化

一、建设思路

现阶段，区域差异、目标偏离、主体差异和资金短缺是欠发达地区数字乡村建设存在的主要问题，极大地制约了数字乡村建设对农村发展的赋能作用。因此，在推进欠发达地区数字乡村发展工作中要坚持以习近平新时代中国特色社会主义思想为指导，全面贯彻落实党的二十大精神和中央经济工作会议、中央农村工作会议精神，立足本地发展实情，按照突出区域性差异、注重产业分类、重视主体性培育和提升资金使用效率等思路，统筹兼顾发展质量与效益，推动欠发达地区农村经济发展实现高质量变革。

（一）注重资源禀赋，突出区域差异性

目前，数字乡村建设仍处于探索发展阶段，涉及主体复杂，影响因素广泛。其中，自然资源禀赋极大地影响了数字乡村建设的发展基础、发展模式和发展进程，是驱动数字乡村建设的重要因素。因此，各地要从自身出发，注重自然资源禀赋，瞄准数字乡村建设重点任务，进而突出区域差异性。欠发达地区尤为如此。一方面，欠发达地区的自然资源一般较为匮乏，经济基础较为薄弱，这易导致数字乡村的基础设施建设和数字连接较发达地区落后，不能有力支撑数字乡村建设的全面深入开展，从而不能充分发挥其赋能作

用，进而影响农村高质量发展。另一方面，人口和人才是实现乡村振兴的关键。伴随着城镇化以及以第三产业为主的经济结构的转变，欠发达地区普遍存在人口外流、人口老龄化和专业人才短缺等问题，不能有效支撑数字乡村建设的横向开展和纵向深入（冯朝睿等，2021）。为破解现存的客观瓶颈，欠发达地区应深入分析自身资源禀赋特点，精准推进、分类开展数字乡村建设，形成百花齐放的发展模式（刘渊，2023）。

（二）深化数字渗透，实现产业升级

数字经济的落脚点不是数字的经济，而是实体经济，要为产业发展提供技术支撑，创新发展模式，进而形成农业新业态。现阶段，农村地区产业仍以传统农业为主，存在生产规模小、产品标准不统一、生产效率低、环保意识欠缺和市场分散等问题，不利于实现农村经济高质量发展。相较于传统农业，数字农业依托数字技术，在科学监测、技能培训、成本控制以及环境保护方面均具有显著优势，能够大幅提升农业生产效率和促进产业融合，实现农村产业升级。因此，深化数字技术应用并渗透到农村各产业中是推进农村经济发展的重要抓手。然而，这对于欠发达地区而言仍是一项具有复杂性、系统性和长远性的工作。一方面，受资源约束影响，欠发达地区很有可能缺少相关的技术支撑；另一方面，产业基础较为薄弱，尤其发展第三产业的基础设施仍较为落后，数字技术可能无法发挥应有的效能。因此，如何立足本地发展实情，引入实用性强的数字技术，适配兼容，并将其渗透到现有的产业中是欠发达地区决策者应该考虑的重要问题之一。

（三）坚持需求为本，重视主体培育

农民是数字乡村建设的真正主体，充分发挥其主体作用、激发

其内生动力是提升数字乡村建设赋能效用的根本。现阶段，人才短缺是欠发达地区数字乡村建设面临的主要困境之一。一方面，欠发达地区对专业人才的吸引力不足，大部分高端人才不愿深入欠发达农村地区工作；另一方面，当地居民的数字素养水平整体不高，适应数字现代化发展的能力偏弱。因此，在外部人才引进不足和本地居民数字素养不高的双重影响下，欠发达地区的数字乡村建设进展缓慢。在这种情形下，要坚持需求为本，即准确识别农民在应用数字技术方面存在的困难和真实需求，加强主体培养，从而将数字技术的研发、应用和推广落到实处，提升农民主体在数字乡村建设中的主观能动性和积极参与性，实现从外生动力到内生动力的转换。

（四）开展融合推进，打造智慧城乡

数字乡村建设的过程就是缩小城乡信息鸿沟、推进城乡信息基础设施一体化的过程，而城乡融合发展也是数字乡村建设的重要手段和目标。此外，资金短缺是导致欠发达地区数字乡村建设发展不深入、不均衡和赋能效应不足的重要原因。因此，欠发达地区在开展数字乡村建设过程中要依托智慧城市建设，融合推进，既能解决资金来源单一的问题，又能提升乡村建设的智能化水平。

二、建设特点、难点与着力点

近年来，欠发达地区在数字乡村建设领域进行了多方位探索，积极推进数字乡村试点建设赋能乡村振兴，取得了初步成效，如农村经济结构更加合理、农业生产效率有所提升、农民生活更加便捷丰富。但受限于自然资源缺乏、经济基础薄弱等客观因素，相较于发达地区，欠发达地区在数字乡村建设过程中具有一定的特点，且

存在亟须攻破的难点。为高效推动数字乡村建设，政府务必找准着力点，以推动农村高质量发展。

（一）建设特点

1. 凸显基础设施建设

数字乡村基础设施建设是实现农业现代化的必经之路，在提升农业生产效率、促进乡村经济发展和提高农民生活质量等方面具有重要意义。因此，加强基础设施建设是各地开展数字乡村建设的重要任务之一。然而，对于欠发达地区而言，由于资源禀赋潜力并没有得到充分释放，数字化建设水平有大幅提升的空间，所以在推进数字乡村建设过程中要更加注重和凸显基础设施建设的重要性，尤其在网络基础设施、信息服务基础设施和传统基础设施升级改造方面。如贵州省黔西市新仁苗族乡化屋村注重现代信息技术的应用，利用"5G＋数智乡村管理平台"整合社会资源，提高政府的管理服务水平（何星辉等，2023）；黑龙江省则以数字乡村建设为契机补齐短板，由网络基础设施、信息服务设施、传统基础设施数字化转型和大数据平台等构成的"数字底座"日益完善；甘肃省在主城区 5G 网络覆盖、行政村宽带接入、百兆以上宽带用户占比等方面均有明显提升和改善（宋晓琴，2023）。

2. 助力特色产业转型升级

充分利用大数据和现代化信息技术推进农产品生产、加工、销售等环节的信息化建设，助力乡村振兴、带动农业增效农民增收，是数字乡村建设赋能新兴产业和新业态产业的重要表现。受限于区位条件、经济发展、人文环境等因素，欠发达地区一般蕴藏着丰富的待挖掘的文化资源、生态资源、旅游资源等，且第一产业对地区生产总值的贡献率和与其他产业的融合度不高。因此，数字乡村赋能欠发达地区的产业转型升级的边际效应要比其他地区显著，更能带动当地经济发展。如西藏推动农牧业转型升级，依托农业云平台，在智慧种植养殖、智能农机、农产品产销对接和质量安全等方面创新推出更多场景应用，促进新一代信息技术与当地特色产业融合，加快农牧业转型升级；广西横州市通过数字赋能，实现茉莉花种植、生产、销售全产业链高质量发展，加快了茉莉花产业高质量发展的步伐并促进了产业转型升级，乡村特色产业数字化取得明显成效，打造了"世界茉莉花都"（蒙源谋等，2022）；新疆吉木乃县地处新疆阿勒泰地区西南部，曾是国家级贫困县，该地通过实施荒漠化治理和生态修复项目，实现种植地自动灌溉技术，种植适宜当地生长且骆驼喜食的草类，长远规划了草场生态修复，不仅有效解决了集中养殖骆驼草饲料供给不足的问题，还在实现生态可持续发展的同时提高了经济效益。

3. 提升乡村治理数字化水平

乡村治理是数字乡村建设的重要内容之一。数字乡村建设通过信息通信技术为乡村治理提供了新方法和新思路，深化了信息惠农水平，保证了农民对乡村事务的知情权与参与权，进而有效提升了农民参与乡村治理的积极性和乡村治理现代化水平。现阶段，欠发达地区的城乡数字鸿沟偏大，农村地区存在诸多问题，如农民信息化技术应用能力不足、农村公共服务基础设施不健全、村民参与乡村治理的渠道较为单一等（蒋怡闻，2022）。因此，如何畅通并拓宽乡村治理渠道，提升农民的数字素养和参与度，让农民能够更多享受到社会发展成果是各地区主抓的问题之一。如宁夏西吉县依托"村村享"App 数字乡村管理系统，积极探索实现农村自治、法治、德治的有效融合，提升乡村治理水平，在线上设立积分银行，在线下设立积分超市，建立农村人居环境整治积分兑换正向激励机制，鼓励农户积极参与环境整治；吉林图们市水南村通过建立数字乡村服务平台，全面实现防火、防汛、安防，同时，重点针对村内独居、年龄较大、行动不便的老人开通一键呼叫服务功能，以智能手环为载体，第一时间将村民健康监测、紧急呼叫、服务需求、一氧化碳报警等信息向村民家属和村干部发送信号，防范意外发生，有效解决子女不在身边的后顾之忧。此外，数字乡村治理还能逐步引导群众主动参与村级公共事务，凸显了农民群众在乡村治理中的主体地位。

4. 优化数字化公共服务

公共服务是公共资源被加工生产成服务产品并向目标群体供给的过程，本质上是政府、市场和社会多方主体围绕公共产品而形成的互动合作。数字技术具有数字化、迭代快和创新叠加等特点，在加快信息流动和共享的基础上能够推动企业和公共部门的管理流程改造与重塑，有利于公共服务过程和体系的优化发展。欠发达地区公共服务水平偏低，为了让乡村居民享受到更多优质公共服务，提升村民的幸福感，各地采取多项举措不断推进基本公共服务普惠化和便捷化进程，促进公共服务发展。第一，数字技术赋能公共文化服务的效能有所提升，城乡文化鸿沟进一步缩小。依托国家脱贫攻坚行动和数字乡村建设，欠发达地区基础设施得到一定改善，在一定程度上解决了农村阅读场所较少、文化资源匮乏等问题。如广西贺州市公共文化服务体系基本实现了县、乡、村三级全覆盖。第二，医疗资源配置不断合理，医疗服务质量得到进一步保障。一方面，各地通过整合县、乡、村三级医疗资源建立县域医疗共同体，提高欠发达地区医疗卫生水平；另一方面，利用互联网技术推进线上问诊，实现偏远地区村民在家也能享受医疗服务。第三，政务服务平台建设日益完善，办事效率有所提高。各地通过构建一体化的服务平台，在线政务服务向农村地区延展，使农民能够更加便捷高效办理日常事务。

（二）建设难点

在推进数字乡村建设过程中，欠发达地区面临诸多难点和挑战，这些难点极大地制约了数字乡村对乡村振兴的赋能作用。

1. 区域发展不平衡制约了数字乡村标准化建设

受资源禀赋影响，区域之间的经济差异具有一定必然性，适度的差异对经济社会发展有积极作用，反之，则会影响国民经济的健康发展，并使欠发达地区陷于长期落后的发展状态，不利于实现共同富裕的长远目标。与此同时，中共中央、国务院下发的《关于做好二〇二二年全面推进乡村振兴重点工作的意见》明确提出"加快推动数字乡村标准化建设，研究制定发展评价指标体系，持续开展数字乡村试点"。可见，数字乡村标准化建设已成为夯实数字乡村根基的重要内容（刘渊，2023）。然而，区域发展不平衡加大了与数字乡村标准化建设要求的矛盾，一定程度上限制了数字乡村的发展。

第一，城乡数字鸿沟制约了数字乡村标准化建设的深度开展。在信息社会，人才信息技术应用能力已成为影响地区经济发展的主要因素。因此，缩小城乡间技术差距，弥合数字鸿沟，是现阶段数字乡村建设的任务之一。与此同时，开启数字乡村标准化建设有助于克服碎片化难题，实现数据资源互联互通，形成聚集效应，进而补齐数字乡村建设短板和赋能乡村振兴。然而，现阶段欠发达的偏远地区尚未开展数字乡村建设或处于探索规划中，存在较明显的城乡数字鸿沟，导致数字乡村建设推进不一致、不平衡，极大地影响了数字乡村标准化建设。如广西部分农村地区由于人口分散，资源要素不集中，使数字乡村的建设及运营成本高，数字鸿沟较大，造成了数字乡村建设推进的不一致和不平衡的客观局面，影响了数字乡村标准化建设的进度和深度（刘渊，2023）。

第二，信息基础设施建设的明显差异影响了数字乡村标准化建设的广泛开展。信息基础设施建设是开展数字乡村建设的必要前提。虽然在数字乡村战略下，基础设施建设取得有效成果，但欠发达地区农村数字基础设施仍比较薄弱，推动农业农村现代化能力不足，不利于数字乡村标准化建设。一方面是由于信息基础设施建设是一项复杂工程，需要大笔资金启动和维护，因此资金不足是欠发达地区亟待解决的问题之一。另一方面则是由于欠发达地区普遍存在资源分散、人才短缺和数字素养低等问题，不能有效利用已有的信息基础设施，导致其产出效益不及预期，这大大提高了建设成本且降低了地方政府推动其建设的积极性，从而制约了标准化建设的进度。

2. 乡村现实情境与数字乡村建设目标的耦合失调

数字乡村建设旨在通过对数字技术的应用推动信息化驱动乡村振兴，提高农村生产力和改善农民的生活水平，实现农业农村高质量发展。由于数字乡村建设时间不长，仍处在起步阶段，与现有的乡村情境耦合度并不高，导致不能高效实现数字乡村建设的目标，这一点在欠发达地区表现得尤为明显。

第一，产业结构不合理制约了产业数字化转型。培育壮大乡村新业态新模式是数字乡村建设的重要内容，其根本内容是促进第一产业与第二、三产业融合，推动产业数字化转型。因此，产业结构是影响产业转型的重要因素。目前，欠发达农村地区仍以第一产业为主，第二、三产业发展水平较低，且产业发展不能有效协同。因此，欠发达地区缺乏产业数字化转型的基础，不能有效推动数字经济与实体经济的高度融合。

第二，数据资源流通不畅限制了乡村建设的联动发展。数据资源是现代经济发展不可或缺的生产要素，已成为驱动农业农村高质量发展的重要引擎。目前，欠发达地区普遍缺乏统一的系统平台建设和数据采集规范，导致数据资源匮乏分散且共享不足，加上鲜有地方政府对数据资源进行统一规划，使得业务条块化、分割化现象严重，造成数据资源流通不足，不能充分发挥资源要素的作用，极大地限制了乡村建设的联动发展，并可能产生重复投资，加重资源浪费。

第三，乡村数字治理能力不足限制了数字技术的广泛应用。乡村治理现代化是实现乡村振兴的重要基础，是维护农村和谐稳定的有效方法。近几年，虽然乡村治理取得了一定成效，但是数字乡村治理仍然是农村地区尤其是欠发达农村地区最为薄弱的环节，使数字技术不能更好地渗透到农村的方方面面。一是基层管理人员数据意识淡薄，缺乏数字技术应用能力，不能有效引导村民参与数字乡村治理；二是乡村治理成本较高，而欠发达地区缺乏相应的资金支撑，使乡村治理停留在数据采集与统计等浅层工作内容上；三是作为乡村数字治理的主体，农民的数字素养难以与数字治理相匹配，不能达到预期目标。

3. 政策趋同化与地区差异化的矛盾不利于数字乡村建设的开展

自数字乡村战略提出以来，各地政府积极推出政策，以将相关工作尽快落实。但是，从已有的政策来看，各地政策趋向同质化，尚未体现区域差异化，这导致政策很容易出现"水土不服"现象，不能很好地指导数字乡村建设开展。

欠发达地区普遍存在农民群体的信息技术和数字素养不够等问题。一方面，数字乡村建设的示范引领者缺失，导致一些偏远地区的乡镇领导对数字乡村建设的内涵了解不够；另一方面，基层干部和留守农民自身的网络素养相对不足，不能很好地利用信息化技术开展相关工作。除此之外，欠发达地区的农民年龄结构和受教育程度不容乐观。因此，人才缺乏就无法推动数字乡村建设稳步开展，导致欠发达地区的农民知识文化素养与数字农村建设的高要求、数字赋能乡村振兴的高要求不匹配，客观上容易产生部分群体游离在技术之外的结果。

（三）建设着力点

区域发展不平衡、产业结构不合理、数据资源不畅通、政策趋同化和资源匮乏是欠发达地区开展数字乡村建设面临的主要挑战。为此，欠发达地区要立足本地发展实情，深入分析问题及成因，充分发挥比较优势，开展特色化、实际化的数字乡村建设。充分发挥党委和政府的领导作用，创造良好的数字生态环境，树立典型示范是欠发达地区开展数字乡村建设的 3 个关键着力点（吴立凡，2020）。

1. 加强组织领导，充分发挥党委和政府的领导作用

数字乡村建设是一项集系统性、复杂性和长期性于一体的战略工程，需要加强组织领导，充分发挥党委和政府的核心引领作用，以全局性思维开展相关工作。

第一，发挥领导干部的示范引领作用。在基础设施薄弱、城乡差距较大和发展农村经济紧迫性上升等背景下，如何在有限资源配置约束下高效开展数字乡村建设以推动农村高质量发展，是欠发达地区亟须考虑的问题。其中，各级政府的领导干部起到了关键作用，是各项工作的带头人。领导干部要在对中央下发的关于数字乡村建设的文件精神精准把握的基础上，对当地的现实情境有充分的认识，开展符合本土的数字乡村建设。近年来，个别欠发达地区在数字乡村领域表现突出，这与当地领导干部的求真务实密不可分。

第二，做好数字乡村建设的政策规划。欠发达农村地区的数字乡村建设规划比较趋同，不能满足当地发展需求。因此，各级政府应先客观分析当地数字乡村建设的现实基础，在科学研判的基础上，提出具体的推进步骤。同时，打破传统思维，推进机制创新，充分借鉴其他地区的数字乡村建设先进经验，优化顶层设计，制定符合自身特点的政策规划，以释放数字红利，引领农村发展变革。

第三，明晰责任，加强部门间的联动协调。数字乡村建设涉及项目内容众多，需由各部门加强协调沟通，共同协作。因此，政府要坚持问题导向，进一步厘清主管部门与协管部门、分管部门之间的职责关系，确保各项工作能够有机衔接。首先，提高政治站位。坚决把思想和行动统一到习近平总书记重要指示精神上来，深刻认识部门间的协调联动对数字乡村建设工作的重要性和紧迫性，坚定不移地推动相关工作。其次，强化责任落实。各责任部门要主动作为，压实责任，对分管的工作要高度重视，积极与其他部门联系沟通，确保工作高质量完成。最后，建立长效机制。始终坚持以标本兼治的思路推动部门间的有效联动，针对工作中存在的梗阻，总结行之有效的措施经验，并积极探索和建立多部门间协调联动的长效机制，为今后工作提供坚实的制度保障。

2. 坚持因地制宜，构建良好的数字生态环境

党的十八大以来，以习近平同志为核心的党中央高度重视数字生态建设。现代信息技术下，数字生态对经济发展和社会生活产生了重大影响，是数字乡村建设有序发展的根基。良好的数字生态环境有利于提升数字乡村建设的成效。因此，重视数字生态建设既符合党中央的部署要求，也是推动数字乡村建设的必然要求。

第一，持续深化数字理念。开展数字乡村建设要理念先行。一是要坚持系统观念，统筹推进城乡数字化转型、区域间数字建设和主要任务内容部署等。二是坚持求真务实，以实际需求为导向开展数字乡村建设，力求供需匹配。三是坚持创新驱动，深化数字技术应用，全面激活数字赋能，推动数字乡村高效发展。

第二，全面提升数字治理能力。新时代，数字化赋予了治理新内容，优化了治理体系，提升了治理能力，是现代治理体系的重要支撑。一是加强领导干部的数字思维和数字认知。党的二十大报告提出，"必须有一支政治过硬、适应新时代要求、具备领导现代化建设能力的干部队伍"。因此，增强领导干部的数字治理能力十分必要。二是提升治理对象数字应用水平。治理对象数字应用水平直接影响到数字治理效能，而现阶段欠发达地区农民的数字化水平又普遍较低，所以应加大对治理对象的相关培训，以提升其运用数字技术的能力。三是精准把握数字治理内容。受限于数字治理主体和对象的技术应用水平较低及区域发展不平衡，数字治理内容要精准到位，符合当地需求。

第三，深入开展数字合作。由于数字生态具有开放性特征，因此合作共享、互利共赢是其重要内涵。因此，各级政府应紧密结合实际，主动加强与企业、科研机构的数字合作，以弥合与数字乡村发展成果较好的地区在资源、技术和认知等方面的鸿沟。

3. 树立典型示范，发挥模范标杆作用

在资源紧缺的约束下，全面推进数字乡村建设对欠发达地区而言并不现实。因此，可在充分调研的基础上，选择有需求、有基础、有空间的区域作为示范区开展数字乡村建设，总结经验，并将相关成果经验有序推广，最终实现数字乡村建设全域化。

第一，做好政策创新。政策是指挥棒，对开展数字乡村建设具有重要的引领规范作用。一是注重调研，根据示范区的现状和存在的问题明确政策创新的方向和目标，确保政策的可行性和及时性。二是加强评估，对示范区的建设成果及问题进行及时评估，确保政策的时效性和可行性。三是创新思维，跳出传统的思维方式，以系统性、全局性的思维方式制定政策，以推动政策有效实施和转型升级。

第二，做好产业创新。推动产业融合，打造农村新业态是数字乡村建设的重要任务之一。政府在推动示范区建设过程中可应用数字技术推动各产业转型升级，促进产业间的有效融合，并积极打造产业集群。此外，推动产业创新需要强大的人才队伍作支撑，因此，也要创新人才引进和培养政策，增强地区人才吸引力，以扩充人才队伍，提高示范区的人才创新能力。

第三，做好推广创新。示范区的引领作用能否充分发挥关键看其推广效果。一方面要对比示范区与推广区的异同处，在相同处予以推广成功经验，在不同处考虑示范区的先行经验是否可行；另一

方面，丰富推广方式，不是简单地将示范区经验照搬到其他地区，而要予以加工考量，以实现推广区在短时间内能够吸收数字乡村的建设思路方法，进而推动本地高质量发展。

三、具体实施路径

数字乡村建设是推进农业现代化的基础性、系统性的重要工程。因此，各地要抢抓数字乡村建设机遇，充分实现数字技术在乡村发展模式中的嵌入式应用，助推乡村高质量发展。同时，数字乡村建设赋能效应的高低与乡村现实情境的契合度高度相关，对于欠发达地区而言，如何具体和有针对性地开展数字乡村建设，实现本地经济发展、农民生活水平提高、乡村治理有效和欠发达地区与发达地区的差距进一步缩小，是亟须考量的重点问题。

（一）依据地貌差异，分类指导数字乡村建设

欠发达地区具有较为明显的地区差异，如青海、西藏等以牲畜生产为主的地区主要为牧区，而东北、华北等欠发达地区则以平原地区为主。因此，地形地貌的差异决定了数字乡村建设推进的差异性，即要结合各区的地形地貌差异，分类推进数字乡村建设。

一是平原地区。由于平原地区具备土地肥沃、地势平坦、交通发达和人口集中等自然优势，其农业机械化、生产规模化和农业设施建设等发展水平相对较高，具有较好的推进数字乡村建设的基础（王利敏，2022）。因此，数字乡村建设应深度开展，进一步加快推动农业产业升级，如农业智能化生产、智能农业装备应用、土壤治理、数据库建设和产业融合等工作。同时，由于人口相对集中，要不断提升数字治理水平，依托智慧平台，将党建、应急和人居环境整治监测等工作同步推进，进一步提升农民的信息灵敏度、参与度

和村务的透明度（王胜等，2021）。

二是山区地区。山区地区存在交通不便，地形分割、田块细碎和人多地少等问题，因此虽然生产的农产品品种较多，但规模较小且分散，缺少推进乡村现代化的自然基础。因此，在数字乡村建设工作中，一是要重视信息化基础设施的科学规划和优化布局，推动农田"宜机化"改造，加大适合山区农业的小型农机具的研发和信息化发展，提升农产品的规模；二是要依托山地特色农产品加快电商产品开发，通过农村电商来有效缓解山区的物理阻隔，精准对接市场需求，加快产品流转，进而实现农产品溢价，提高农民收入。

三是牧区地区。牧区一般降水较少，草原广阔，以畜牧业生产为主。因此，数字乡村建设应着力深化物联网、人工智能等新技术在牲畜养殖中的应用，普遍应用牲畜身份识别系统，推进精准饲养和疫病防治；建立从养殖、屠宰、分割、加工、储存运输到销售的全链条信息台账，完善质量追溯体系；搭建农畜产品交易网络平台，建立牲畜、乳制品等的数据库，加快推动产品生产、交易的信息化发展。

（二）突出工作重点，科学把握数字乡村建设的节奏

资源有限、资金紧张和人才不足等是欠发达地区推进数字乡村建设过程中面临的主要障碍。因此，在有限条件下，应突出重点，逐步推动工作开展，科学把握数字乡村建设的节奏。

一是加快网络设施建设。继续深入推进欠发达地区的乡村宽带通信网、移动互联网和数字电视网络建设，开展实施5G等新型基础设施建设工程，推进广播电视基础设施建设和升级改造，持续实施电信普遍服务补偿试点工作，积极与通信运营商进行合作，共同

推进普及乡村无线网络的建设工程，提高欠发达地区乡村网络覆盖率；优化欠发达地区的营商环境，进一步提升吸引外部资源的能力和相关引导能力，全力支持运营商到农村偏远地区开展网络维护等相关工作。

二是推动基础设施数字化转型。虽然各地已将基础设施建设列入数字乡村建设的重点任务中，但较发达地区而言，其基础设施建设水平仍较为落后，且城乡差异较大。因此，还需进一步加快完善欠发达地区基础设施数字化转型，具体包括提升乡村 5G 网络承载能力、优化农村区域 5G 网络性能、提升网络质量和覆盖深度、加快 5G 基础网络共建共享、提升农村公路路况自动化检测比例、小型水库安全监测能力建设和水利基础设施等系列与农业生产相关的基础设施数字化、智能化转型。

三是持续做好防止返贫动态监测和帮扶工作。产业基础差、农业现代化水平低，欠发达农村地区容易出现返贫现象。因此，各地要依托数字乡村建设开展返贫监测工作。一方面，要推动走访监测、预警核查、识别纳入、帮扶救助、风险消除等工作制度化，并用好村级党群服务中心、各类"互联网＋"平台，发挥农户自主申报主渠道作用，确保早发现、早干预、早帮扶。另一方面，要积极探索帮扶新业态新模式，加大农村地区农产品网销平台建设，提升其运营水平，并引导企业加入数字乡村建设，拓宽农民群众增收渠道。

四是提升信息服务供给的有效性。充分考虑欠发达地区农业、农村、农民特点和现实发展情况，加大信息终端、移动互联网产品的技术创新和开发应用，实现农民无障碍操作。整合优化各级政府部门在欠发达农村地区已布局的站点资源，统筹打造基层综合信息服务站点。通过服务内容的丰富性、针对性，以及服务方式的多样化、便捷化推动农村综合服务的整体提档，更好满足农民对信息服务的实际需求。

五是推进农村电商公共服务体系提质增效。依据欠发达地区行政村交通区位、产业基础、人口分布等因素分类推进农村电商公共服务站点建设和可持续运营。完善农村电商示范点建设和运营的相关标准，加快农村现代流通体系建设，完善冷链配套设施布局，建立共同配送管理信息系统，利用大数据、区块链等技术大幅度提升农产品流通效率。同时，加大电商产品的开发和网货品牌培育力度。鼓励和引导农业龙头企业、专业合作社、家庭农场、专业大户与乡镇村电商服务站点、大型电商平台合作，推进特色农产品、手工艺品、非遗产品等优势特色产品网货化；积极培育特色网货品牌，加强产品研发、包装设计和市场营销；积极开展地理标志申请、品牌标识确定、品牌规划制定、品牌推广宣传、品牌授权管理等工作。

（三）着重试点示范，打造数字乡村建设新样板

在资源短缺约束下，为充分抓住数字乡村建设的机遇，欠发达地区应加强示范引领，积极探索乡村振兴新模式，并持续扩大数字效应在乡村发展中的辐射带动作用，全面提升数字乡村的赋能效应。

一是打造数字乡村建设示范村。首先，在大力推动国家级、省级数字乡村试点建设工作的基础上，结合本地发展实际情况和发展规划需要，从市级层面谋划打造一批示范点，示范点应在数字乡村建设方面有一定的基础和条件，从而与国家、省级示范点互为补充（夏诗园，2022）。其次，在试点地区先行开展数字乡村的示范性建

设，如信息基础设施、乡村信息服务体系、乡村基层一体化信息系统和乡村网络文化等试点内容，并加大制度创新和可复制建设模式的探索。最后，把先行先试积累的经验逐步完善后加大推广，盲目地"大干快上"可能导致农户利益损失和政府公共资源浪费。

二是更好地发挥政府主导作用。鉴于数字乡村的复杂性、系统性、公共性，其建设需要多方力量参与，其中，政府具有重要的主导作用（涂明辉等，2021）。一方面，政府要制定科学合理的政策规划，明确数字乡村建设的主体、责任、程序及监督等各项规则，营造良好的发展环境，以引导资金、人才和技术顺利流向欠发达地区，推动数字乡村建设顺利发展运行。另一方面，政府要提高群众参与数字乡村的主动性和积极性。数字乡村的服务对象和受益者是农村居民，因此，高度契合农村居民实际需求的建设内容才有利于发挥数字效应。现阶段，欠发达地区的城乡数字鸿沟较大，农村居民的数字素养普遍较低，在数字乡村建设中多处于被动接受的状态，主观参与度不高，不能为数字乡村建设提出可行有效的建议。因而，政府要采取多举措鼓励群众参与，可通过建立群众参与公共事务管理体系、组织开展数字素养培训、编制科学务实的操作指南等途径，提升农村居民对数字乡村建设的关注度和参与度，使数字乡村规范有序稳定运行。

三是充分发挥市场的资源配置作用。市场在资源配置中起到关键性作用，有利于提升资源使用效率和促进资源配置优化。数字乡村建设就是通过数字效应优化资源配置，进而提升资源效率的过程。因此，欠发达地区要突出市场力量，提升数字赋能效率。第一，要发挥企业尤其是互联网企业和农业信息化企业的核心作用，支持鼓励企业向数字化、智能化转型，并加大技术创新。第二，要提高小农户和新型农业经营主体参与数字乡村建设的广度和深度，加快推动农业产业化、数字化、智能化。第三，构建共享共联机制，畅通农户利益诉求机制，充分发挥利益联结的纽带作用。

（四）加强人才建设，构建高水平数字人才队伍体系

数字人才培育是数字乡村建设的重要组成部分，可以为乡村产业提供人才保障，推动乡村振兴。现阶段，人才短缺是欠发达地区存在的主要短板，会进一步拉大与发达地区的发展差距。因此，在数字乡村建设的过程中，欠发达地区要加强数字技术人才、管理人才等的培育与引进，构建高水平队伍体系。

一是加强人才培养的政策支持。数字人才建设是一项长期工程，需要系统性和整体性的制度予以支撑。在聘用制度上，考虑到数字人才的稀缺性，可以采用专兼职相结合的方式；在培养制度上，结合乡村建设的数字化、产业化等特征，要建立从课程设置到评估考核一体化的稳定人才培养机制；在选拔制度上，为鼓励人才发展，要建立科学、公正、透明的人才选拔体制，打造健康有序的人才成长环境。

二是加强人才培养的交流与合作。农业现代化不是单一的农业问题，与其他产业、国内环境与国际大环境紧密相关。因此，欠发达地区需要加强与数字乡村建设水平发展较高的地区合作，建立资源共享、联合攻关的长期稳定合作机制，以提升人才对数字技术运用和管理的能力。此外，还要加强与相关院校、科研单位等机构的合作，丰富和创新培养渠道，稳步夯实人才队伍建设。

三是加强本土化人才培养。相较于引进人才而言，本土化人才

具有稳定性，且对本土乡情比较了解，也是农业现代化的主要助推者。因此，在积极引入外部人才的同时，欠发达地区务必加强本土人才的培养。一方面，开展数字新农具和技能的应用培训，如科学种植养殖等，并培养其互联网思维和创新意识，以提升对数字技术的运用能力，实现产品的增值增效。另一方面，建立点对点帮扶机制，实现人才培养的精准扶持，并搭建符合农民期待的创新平台，提升农民主动接受培训的积极性。

第八章　欠发达地区数字乡村建设路径优化典型案例：以河北省张家口市为例

一、张家口数字乡村建设发展现状

张家口市地处河北省西北部，东靠河北省承德市，东南毗连北京市，南邻河北省保定市，西、西南与山西省接壤，北、西北与内蒙古自治区交界，下辖 6 个区（桥东区、桥西区、宣化区、下花园区、万全区、崇礼区）、10 个县（张北县、康保县、沽源县、尚义县、蔚县、阳原县、怀安县、怀来县、涿鹿县、赤城县），总面积3.68 万平方千米，总人口 455.4 万人[①]。受历史因素影响，1950 年至 1995 年，张家口一直承担着军事重镇的职责，长期处在封闭的状态，经济一直缓慢发展。在河北省原定 45 个国家贫困县名单中，张家口 11 个，占比 24.4%，总量第一。2022 年，张家口实现地区生产总值 1 775.2 亿元，全市人均生产总值为 43 435 元，分别位于河北省 11 个地级市的第 11 位和第 8 位；农村居民人均可支配收入 17 210元，低于全省的平均水平 19 364 元。因此，在张家口经济发展长期处于落后状态的情况下，提速实现经济高质量发展已成为大势所趋。

2019 年国家发展改革委、河北省政府联合印发《张家口首都水源涵养功能区和生态环境支撑区建设规划（2019—2035 年）》，

[①]　张家口市人民政府官网：https://www.zjk.gov.cn/content/zygk/27.html.

提出到 2035 年，张家口全面建成首都水源涵养功能区和生态环境支撑区。首都"两区"建设对张家口产业发展提出了新要求，即在着力实现绿色发展的同时，进一步提升和强化水源涵养功能和生态环境支撑作用，实现"绿水青山就是金山银山"，提升人民群众生活幸福感（武义青，2023）。因而，在新战略背景下，深挖自然资源优势、强化生态保护和推进新型业态发展已成为助推张家口首都"两区"建设、高质量发展的重要内容。

数字乡村建设以其强劲的技术优势成为发展农村经济的新引擎，自然也成为张家口解决农村发展落后、农村人均收入低于省内平均值和巩固拓展脱贫攻坚成果、防止出现规模性返贫任务艰巨等问题的重要抓手。此外，作为数字乡村建设的重要内容，培育壮大乡村新业态新模式能够推动数字技术在文化旅游、社会治理和电商物流等领域的广泛应用，因而与首都"两区"建设的目标是高度契合的。因此，自数字乡村建设战略提出以来，张家口高度重视相关工作开展，深入学习贯彻习近平总书记关于"三农"工作的重要论述，深入贯彻落实党中央、国务院关于实施数字乡村发展战略的决策部署，推动数字乡村发展取得阶段性成效。目前，张家口数字乡村建设已初步显现出推动乡村振兴和转变农村生活方式等重要作用，具体体现在以下几个方面。

（一）乡村数字基础设施建设巩固发展

目前，张家口农村地区的网络基础设施已实现全覆盖，农村通信难问题得到历史性解决；商务、民政和邮政供销等乡村信息服务基础设施全方位推进，便民服务能力进一步得到提升。

1. 乡村网络基础设施建设成效显著

张家口基层信息技术设施已全面推进，为数字乡村建设奠定了坚实基础。一是农村网络基础设施实现全覆盖，实现农村城市"同网同速"。目前，张家口城区光纤网络覆盖率达到100%、行政村通宽带比例100%、4G网络实现了城乡全覆盖，计算机互联网络用户数由2018年的123.7万户上升到2021年的155.7万户，移动电话户数同期从453.8万户上涨到464.59万户。二是5G加速向农村延伸，网络覆盖率持续提升。目前，已实现5G网络城区、乡镇、重点行政村全覆盖。三是融合应用不断拓展，数字化发展支撑作用不断增强。5G基站数量的增多带动了全市5G移动电话用户数的迅猛增长，由2019年的6 071户上升到2021年的843 333户，增长近138倍；有线电视网络和乡村直播卫星实现了"村村通"，乡村快递网点、快递直接通邮已覆盖全部行政村，邮政及农村投递路线总长度从2018年的26 827千米提升到2021年的28 695千米（表8-1）。

表8-1　张家口2018—2021年邮电通信基本情况

类别	2018年	2019年	2020年	2021年
邮路及农村投递路线总长度（千米）	26 827	28 755	24 064	28 695
计算机互联网用户（万户）	123.7	131.8	141.5	155.7
年末移动电话用户（万户）	453.8	440.04	454.46	464.59
5G移动电话用户（户）	—	6 071	836 076	843 333

数据来源：《张家口经济年鉴》。

2. 乡村信息服务基础设施建设积极展开

为满足广大农户和新型农业主体对信息服务的需求，张家口各地益农信息社在汇聚服务资源、丰富服务内涵、保障服务质量等方面大力推进、持续发力，不断提升对农民生产生活全方位的信息服务能力，推动信息服务向乡村深度延伸。一是基本实现了益农信息服务全覆盖，提升了资源服务供给效率。目前，全市村级服务站3 500余个，益农信息社1 833个，其中简易站683个、标准站932个、专业站218个（表8-2），有效整合了邮政、商务和民政等农村信息服务站点，完善了信息终端和资源"一站式"服务供给。二是信息基础服务设施为农业现代化发展提供了新渠道。益农信息社是信息服务设施的重要内容之一，其将农业信息资源服务延伸到了乡村农户，让农民享受了便捷高效的生活服务。如万全区把村级益农信息社建设作为信息基础设施的着力点，建立了区、乡、村、经营主体（市场）四级市场监测预警体系，通过多举措对市场变化和发展趋势进行分析，进而对市场信息变化进行研判，最终实现对农产品在生产、价格和需求等环节的动态监测预警，在为政府提供决策依据、指导农民生产和企业经营、规避市场风险等方面发挥了重要作用。

表8-2　张家口市益农信息社站点统计表（分类型）

单位：个

区县	简易站	标准站	专业站	合计
怀来县	56	142	16	214
涿鹿县	119	150	29	298
赤城县	112	153	37	302
怀安县	101	129	25	255
尚义县	39	60	20	119
沽源县	85	113	27	225
万全区	57	35	28	120
蔚县	114	150	36	300
合计	683	932	218	1 833

注：数据截至2022年底。另康保、张北、阳原、宣化、崇礼5个资金整合县区结合电商点和村委会建立益农社1 100多个站点。

（二）智慧农业建设快速起步

农业产业数字化进程加快，农业农村大数据不断完善，智慧农田建设多点突破，农业生产数字化、规模化和智能化进一步提升，培育了特色农业发展新局面。

1. 农业农村大数据建设日益完善

近年来，张家口加快农业农村大数据建设应用，不断探索数字乡村发展新模式。一是数据平台建设不断完善，重要农产品信息服务供给能力增强。为精确提供市场信息，提升农产品市场流转率，张家口完善了重要农产品全产业链数据平台、市级农业农村大数据平台和农情监管综合业务平台，利用大数据、人工智能等手段，提升农产品市场分析研判能力。二是"空、天、地"立体化的数据平台建设探索起步，数据信息愈发综合全面。崇礼区积极推进数字农业管控及全程可视化溯源体系建设，及时获取农作物数据信息并进行实时全面监控，确保高质量、高标准生产农产品（渠成等，2023）；张北县投资300万元，建立草原生态监测系统，该系统基于高清影像、矢量地图数据，依托二三维 GIS 技术，提供科学、快捷、动态、可视化的管理工具，管理、展示包括草原地质地貌、环境、水文等基础空间数据，草原资源、动植物类型等专题数据，监测、科研观察、巡护等业务数据；沽源县建立的辅助决策系统能够对接"雪亮工程"、森林防火和秸秆焚烧等视频监控及大气环境监测数据，进一步改善了生态环境，提升了治理效能（王大庆等，2022）。三是数据信息应用不断深化，培育了农业特色产业链发展新局面。在大数据引领下，张家口大力优化农业布局，通过建立农业示范区、先行区和优势区推动农业现代化快速发展。截至2022年，已建成1家国家级现代农业示范区（塞北管理区），拥有21家国家级、省级特色农产品优势区（怀来葡萄、崇礼彩椒、万全鲜食玉米、察北塞北奶牛等）（郭建杭，2022）。

2. 农业生产数字化改造多点突破

农业生产数字化在农业农村现代化中起到引领驱动作用，张家口利用物联网（截至 2022 年 8 月，全市建设农业园区、专业合作社等农业物联网点 286 个）、人工智能和 5G 等技术积极推动农业生产数字化改造。一是智慧农业示范点建设多样化发展。目前，张家口各县域不同产业、不同经营主体不断丰富智慧农业应用场景，稳步推进农业数字化转型。如张北县智能奶牛场建设、万全区智慧农业种植建设、尚义县智能水肥一体化等多个省级特色智慧农业项目（表 8-3）。二是高标准农田建设成效凸显。按照规划引领原则，张家口市印发了关于做好高标准农田建设工作的通知，明确了项目进展月报告制度和定期督导通报制度等内容。2021 年，全市组织高标准农田建设 23.4 万亩，落实高效节水灌溉面积 9.07 万亩。

（三）县域数字经济新业态新模式创新发展

数字技术促进了农业与其他产业有效融合，休闲旅游、民俗经济等新业态也蓬勃兴起，农村经济实现了提质增效，县域经济的发展基础得到不断夯实。

表 8-3 张家口市各县区部分智慧农业项目一览表

项目名称	资金来源	资金数量（万）	建设地点	建设内容
沽源县科技示范基地	县级	48	白土窑乡、黄盖淖镇	樱桃示范基地；马铃薯生产示范基地
张北县郝家营乡现代设施农业园区建设项目	省级、企业自筹、县级配套	9 921.69	郝家营乡三义美村	高标准设施蔬菜和麒麟西瓜种植大棚 1 242 个、智能水肥中心 1 个、数据控制中心 1 个

（续）

项目名称	资金来源	资金数量（万）	建设地点	建设内容
张北县 2021 年河北省智能奶牛场建设项目	省级、企业自筹	144.6	三号乡二工地村	奶牛发情自动提示：计步器380，活动量接收天线 2 套，阿牧繁殖管理 V1.0 系统 1 套；挤奶自动计量及奶量自动读取：挤奶机 1 套，阿牧云牧场综合信息管理系统 V1.0（牧场版）1 套，阿菲金管理软件 5.3 系统 1 套，在位识别感应器 32 套，USB 通信组件 1 套，阿牧网云牛奶生产管理 V1.0 系统 1 套，奶厅显示大屏 1 台，手持机 1 台；TMR 混合自动控制以及环境自动监测内容：牧场精准饲喂管理系统 V1.01 套，饲喂监控硬件 1 套，环控温湿度传感器 1 个，牧场环境监测控制 V1.0 系统 1 套
万全区智慧农业种植建设项目	省级	60	张贵屯村	水肥一体化、自动卷帘温湿度感应等物联网设备
农机装备智能化改造项目	省级	19.8	尚义县农业农村局	1. 基准站； 2. 导航终端
尚义县智能水肥一体化项目	省级	16	七甲乡	1. 水肥配套智能控制软件； 2. 首部控制系统（包括智能主控器、恒压供水控制器、智能施肥机、超声波流量计、流量报警器、液位传感器）等
康保县中药材大数据平台建设项目	省级	200	康保县农业农村局	1. 管理平台； 2. 大数据展示平台； 3. 产销对接平台； 4. 质量追溯服务平台

（续）

项目名称	资金来源	资金数量（万）	建设地点	建设内容
康保县智能滴灌项目	中央资金	441.5	张纪镇二马坊村	1. 滴灌区配套智软件云平台（智慧云平台）； 2. 首部控制系统（包括智能主控器、恒压供水控制器、智能施肥机、超声波流量计、流量报警器、液位传感器）； 3. 田间控制系统（智能井控柜）
康保县智能生态奶牛牧场建设项目	省级、企业自筹	100 000	土城子镇胡家房村、谷丰村	建设 2.4 万头奶牛基地和 0.5 万头肉牛基地。包含：牛舍、办公楼、宿舍楼、挤奶厅、青贮窖、草料库等附属设施

1. 农村电商保持良好发展势头

电商模式不断创新发展使工业品下乡与农产品进城的农村电商双向流通格局得到巩固提升，更好地保障了农产品的有效供给及流通。2022 年前 3 个季度，张家口市农村网络零售额 14.85 亿元，同比增长 14%。具体表现为以下两个方面：一是品牌战略拓展范围扩大，品牌经济效应提升。张家口着力培育了特色杂粮、马铃薯、精品蔬菜、优质葡萄、高端乳品等特色优势产业集群，把具有传统影响力的县域农业公用品牌、企业品牌及农产品品牌纳入"大好河山·张家口"特色农业品牌运营范畴，构建了"三位一体"的发展格局。同时，培育打造了康保莜麦、阳原原味桑干、涿鹿绿产、万全卫道等一批县域特色公用品牌。截至 2021 年 9 月，具有国家地理标志的农产品 9 个，省著名商标 68 件，省名牌产品 38 个，省优质产品 49 个，省级农产品区域公用品牌 18 个，其中，

"泥河湾"牌农产品获评驰名商标（郭建杭，2022）。二是公共服务基础设施向乡村基层延伸力度不断加大。截至 2022 年 11 月，全市建成县级电商公共服务中心、物流配送中心各 13 个（覆盖康保县、尚义县、沽源县、张北县、阳原县、宣化区、崇礼区、万全区、怀安县、赤城县、蔚县、涿鹿县、怀来县），实现了快递服务全覆盖，便利了农产品出村进城，消费品下乡进村；全市网上店铺有 2 万个，社区电商网点 500 个，初步建立起县乡村三级电商服务体系。此外，依托电商示范县建设，沽源、阳原、张北等县域利用电商带动农民增收已初步形成经验模式（王大庆等，2022）。

2. 农村新业态培育蓬勃兴起

随着光纤和 4G 网络在行政村的全覆盖，互联网技术和信息化手段助力乡村旅游、休闲农业、民宿经济加快发展，大幅提升了农村居民人均可支配收入，由 2018 年的 11 531 元提升到 2022 年的 17 210 元（图 8-1），增长率为 49.25%。一是着力打造文化旅游产业矩阵，推出多条主题鲜明的精品景点线路。2022 年，以京张体育文化旅游带建设为契机，张家口推出了包含冬奥冰雪游、草原生态游和长城古堡游等 20 条文化旅游精品线路，其中"冬奥雪国，激情之巅"和"魅力崇礼，冰雪天堂"两条精品线路入选省冰雪旅游精品线路，并打造了尚义县十三号村、下花园区武家庄村等一批休闲乡村典型以及尚义张北沽源草原天路、赤城怀来奥运走廊、崇礼生态奥运、宣化万全城郊休闲农业、康保县恋人花、沽源县滦河源、蔚县十八堂等 12 个重点休闲农业示范区。二是着力创建乡村振兴示范区，示范带动作用提升。围绕建设京张体育文化旅游带，重点布局、启动建设了 26 个产业、生态、文化等功能突出的市级乡村振兴示范区。围绕"两环"（环冬奥赛区、环首都）、"两沿"

（高铁高速沿线）、"两边"（景区城区周边），集中连片打造 132 个省级美丽乡村，其中，35 个村达到河北省美丽乡村精品村标准，累计完成投资 2.2 亿元，示范带动作用明显提升。

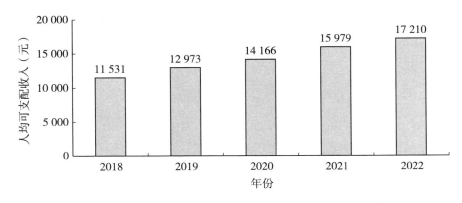

图 8-1　2018—2022 年张家口市农村居民人均可支配收入

（四）数字乡村治理效能持续提升

"互联网＋政务服务"加快向乡村延伸覆盖，乡村数字化水平明显提升，信息化已成为乡村治理的重要支撑。

1. 农村智慧党建体系成效明显

近年来，张家口积极推动智慧党建体系建设，提升了农村党建管理能力。目前，全市各区县积极打造完善"智慧党建"管理服务平台，取得系列成果。其中，涿鹿县、沽源县、张北县"智慧党建"平台被列入省级试点；康保县 15 个乡镇、326 个行政村、5 个社区党建搭上"数字快车"。依托"智慧党建"平台，农村党务、村务、财务网上公开也不断得到推进，"三务"网上公开行政村覆盖率不断提升，村级事务管理智慧化和基础台账电子化水平也得到进一步提升。截至 2022 年 6 月，全市完成村集体清产核资单位完成数据录入 4 208 个，共界定村集体经济组织成员 271 万人，核定农村集体资产332.88亿元。健全完善农村承包地登记管理平台，农村承包地登记确权户数完成96.97％、确权承包地面积完成96.7％，发放证书73.86万份。建立了农村人居环境数据库。建立了农宅空置率50％以上"空心村"治理信息平台，对农村改厕、农村水源地、规模化养殖场、农村生活垃圾处理点等开展了摸底调查、定期监测。

2. 乡村综合治理信息化水平不断提高

张家口积极推进基层社会治理数据资源建设和开放共享，实行行政村和网格数据综合采集、一次采集、多方利用，不断探索将网格中的"人网"与大数据"云网"相结合，以数据驱动公共服务和社会治理水平不断提升。目前，张家口市网格化服务智能化管理指挥平台正式建成，市、县、乡、村四级全部建立网格指挥中心。截至2022年6月，全市共配备网格员36 726名。

二、张家口数字乡村建设对经济社会赋能的效应分析

数字乡村建设依托数字技术使乡村发展呈现出新模式，促进乡村振兴。但是，经过调研，发现张家口部分地区虽然数字乡村建设取得了一定的积极成效，但仍偏离投入预期。因此，深入分析数字乡村建设对张家口地区的赋能效应对剖析原因和提升数字赋能效应具有重要意义。

（一）数字乡村建设对乡村振兴的作用分析

数字乡村建设与乡村振兴具有广阔的衔接空间，在数字经济时代，只有找到数字乡村建设对乡村振兴的作用机理，才能更好地激发乡村振兴内生动力，共同推进农业农村高效、充分、均衡发展。在对已有的文献分析的基础上，课题组认为数字乡村对乡村振兴具

有匹配效应、乘数效应、溢出效应和公平效应。具体表现在以下几个方面：

1. 匹配效应解决了小农户对接大市场难题

数字乡村能够实现农产品供需信息的精准高效对接，有力解决困扰小农户的"卖难"问题。一是数字时代下，信息的表达和传递方式发生了改变。传统的信息表达方式以文字、语言、图形、图像、声音等为主，传播滞后且成本高，导致流通信息不对称、获取难、传递慢等问题发生。而数字时代下，数字化信息通过互联方式传播实现了即时互动和零边际成本，大幅提升了信息传递效率，有效解决了供需信息匹配度低的问题。二是数字平台下，农产品的流通方式发生了改变。数字平台能够将农产品流通过程中的农户、经销商和批发商等连接起来，打破传统农产品多环节及高成本的流通模式，并使农产品信息快速精准传达到每个节点，大幅提升农产品流通效率并扩大流通规模（张在一等，2020）。在以上两方面的作用下，小农户对接大市场的成功率低、满意度和效率不断提升。

2. 乘数效应破解了乡村跨越发展瓶颈

数字乡村通过数字技术与数据要素和传统基本要素进行相互融合，盘活了乡村资源，激活了农业农村发展，改变了农村经济结构。一是数字乡村建设激发了乡村发展的内生动力和活力。数字乡村建设通过数字技术可以盘活乡村的土地、文化、人力等多种闲置低效的资产资源，促进要素的流动和融合，助力乡村发展。二是数字乡村建设重构了乡村产业结构体系。数字乡村促进了产业之间的连接，构建出相互协作、联系紧密、综合协调、多元共进的产业结构体系，使得乡村的供给能力突破原有的第一产业生产边界，实现对原有的生产要素进行重组和创新，从而重构以农业为主的产业结构，不断向第三产业转化。

3. 溢出效应解决了乡村发展不充分问题

数字乡村建设通过技术推广、知识扩散和溢出带来的示范效应能够加快人力资本开发，提高村民的参与度和受益面，进而发挥村民的主观能动性，破解乡村发展不充分问题（施远涛，2022）。一是数字乡村建设有效消除了人力资本提升难的问题。受限于当地发展条件，传统的人力资本提升主要靠经验传授、书本阅读等方式，具有极大的局限性。而数字乡村建设则可通过多媒体技术、网络传播等途径拓展人力资本提升渠道，如线上技术培训、知识检索等，解决了人力资本提升难的问题。二是数字乡村建设强化了示范效应。在数字乡村建设大背景下，一些示范点已经形成了一些可借鉴、可复制的发展模式，并带动了周边发展，并为发展状况、区位条件和资源禀赋类似的地区提供了积极的参考。最终，数字乡村建设促使乡村充分发展。

4. 公平效应解决了基层治理不均衡问题

数字乡村建设对农村社会治理有着积极的作用，推进了乡村治理的智慧化，能够有效解决乡村治理不均衡问题。乡村社会环境中的人、事、物等信息复杂多变，传统的管理方式存在"难发现、难统计、难解决"等多种问题，而数字乡村则通过智慧平台以低成本的方式将乡村信息标准化，并能统一处理，提高了基层治理的透明度。同时，数字平台给予了乡村内外所有群体公平享有获取信息资源的机会，从而可以实现跨地域信息的集中管理和及时响应，有效地提升政府监管能力，大幅降低了基层治理监管成本。

在以上分析的基础上，课题组围绕四个效应分析张家口数字乡村建设赋能的现状与不足，并通过对数字乡村示范点和非示范点进行对比分析，分析数字乡村建设赋能不足的原因，以期总结先进经验、改进发展思路，最大化发挥数字乡村对乡村振兴的赋能作用。

（二）张家口数字乡村建设赋能农业农村发展的积极效应

数字乡村发展战略是实现农业农村现代化和推进乡村振兴的重要引擎，更是欠发达地区实施赶超的重要路径选择。张家口市为加快推动数字乡村发展，依据国家、省政府制定的政策精神，因地制宜地出台了相关指导性文件，在推动数字乡村建设稳步发展的同时，伴随着数字技术在乡村公共空间的渗透，数字赋能农业农村发展的积极效应也开始逐步彰显。在驱动农业全要素生产率提升、畅通城乡产品服务交互渠道，促进产业融合、催生新业态、新模式和提高基层政务效率等方面均取得了长足发展，具体分析如下。

1. 数字乡村建设驱动农业全要素生产率提升

相较于传统生产要素，数据、信息要素作为数字经济的核心要素，拥有更强的能量密集度、渗透性和协同性，尤其是随着乡村数字基础设施不断完善、智慧农业示范点建设和高标准农田建设的推进，为数据要素较好地嵌入到农业生产、流通和销售等环节提供了环境条件。数据要素通过要素替代和与其他要素的融合，对传统生产要素发挥乘数效应，有效促进农业全要素生产率提升。统计数据显示，张家口农业劳动生产率由 2018 年的 3.82 万元/人增加至 2021 年的 5.70 万元/人，增幅为 49.2%。究其缘由，一是在生产环节，采取"智慧农业""互联网＋农业"等新经济模式，可以实现精准节水、节肥、减药、调温等，为农业发展带来了全新的生产经营方式。如沽源县石头坑村开展智慧农业，在设施蔬菜种植大棚里安装了"大棚宝"，可以采集温度、湿度、光照和土壤酸碱度等数据信息，依据信息提供全天温湿度监测和实时高低温告警服务，据此避免由于棚内温湿度异常而带来意外损失，借助该数字技术使蔬菜产量能够提高 20%，直接导致增收 2 万多元（许爱英等，2022）。二是数字平台通过整合利用各种资源要素和零散数据，围绕农业全产业链，将供应、采购、物流、经营、管理、服务等关键环节串联起来，使各环节互相紧密联系，有利于降低交易成本。例如，张家口市怀来县全面推进葡萄种植基地化、设施化、数字化、园区化，加强葡萄全产业链数字化建设，尤其是采用"合作社＋基地＋农户"模式与数字化产业链发展契合，形成育苗、种植、加工、销售等一条龙产业链，葡萄酒加工能力达到 15 万吨，带动当地 3 万余人就业增收。三是在营销环节，互联网等信息基础设施的普及加强了农村基础设施公共服务、农户数字素养与农业现代化经营的适配性，提升农产品附加值的同时，帮助农户提高了市场信息的获取能力，为农产品进入市场提供便利。

2. 数字乡村建设畅通了城乡产品服务交互渠道

农村电商作为最为典型的乡村新兴业态，突破了传统农业上下游产业链间的信息壁垒和数据孤岛，通过互联网数据要素的流动让农业供给端和消费端的距离大幅缩短，为乡村带来了产业活力。一方面，从农村居民需求端看，数字平台为乡村建立起了连接农民与城市的农村电商服务站，打通了商品流通的"最后一公里"。这与近些年以阿里巴巴、京东等为首的大型电商平台下沉乡村紧密相关。电商平台通过建立完善的数字基础设施，使数字技术更好赋能城乡间的物流、仓储和配送等服务，进而进一步健全了物流全产业链，提升了物品在乡村的周转效率，深化了乡村服务（姚毓春等，2023）。此外，近年来张家口深化与阿里、京东、苏宁易购等电商平台或机构合作，培育了怀来大集网、酒快线和张家口网埠电商集团等 100 多家本土电商平台和企业。依托本土企业，全市建立了县级电商公共服务中心和多个物流配送中心，进而实现了快递服务全覆盖，便利城乡产品下乡进城。再如在沽源县，中国联通公司为农民提供数字技术培训，提升农村劳动力数字化水平和能力。沽源县石头坑村建设农户线上快递驿站，村民通过手机短信可随时查看快递运输信息，便民的同时也提高了商品的流通效率。另一方面，从农民供给端看，通过互联网能够及时地获得消费者偏好、需求量等信息，可以在很大程度上降低生产成本的同时，扩大适销对路农产品销售量，进而加速提升农村居民可支配收入水平，缩减城乡收入差距。《张家口市 2022 年国民经济和社会发展统计公报》统计数据显示，2022 年张家口城镇居民人均可支配收入为 39 533 元，增长 3.7%；农村居民人均可支配收入为 17 210 元，增长 7.7%；同期约有 2 万个网上店铺和 500 个社区电商网，并初步建立起覆盖县乡村三级的电商体系（王大庆等，2022）。在此基础上，各县积极探索电商赋能农民增收模式，形成一定的经验总结。如省级数字乡村示范点张北县已建成全国第四批电子商务进农村综合示范县，开发具有本地特色的微信电商小程序"张北好味道"，该小程序突出了张北特色农产品，以销带农，实现"双赢"。一方面提升了区域公共品牌的知名度，提升了张北的宣传度，另一方面也使全域农民享受了数字乡村建设赋予的"红利"。与此同时，一些偏远地区的农特产品通过电商平台也可以进入市场，实现规模效应（王小林，2022）。

3. 数字乡村建设促进产业融合，催生新业态、新模式

农村产业融合是实现农业多元价值的必由之路。以数字技术推动农业各产业融合发展，进一步打破农业各产业间的空间束缚和边界，加速农业数字化转型发展，催生出更多的新产业、新业态。尤其在数商兴农助力下，用数字传媒展示出丰富的乡村生活图景，用"田间地头直播"等多种创新方式催生出健康养生、认养农业等新业态，以及云农场等网络经营新模式，促进了第一产业与其他产业、第一产业间的有效融合，尤其在农旅融合、农林融合和农教融合等方面，进一步优化了产业结构优化并拓展了农业就业岗位，促进部分农民增收（全尤，2023）。当然新产业、新业态的持续发展除农业数字信息化服务水平提升外，还需要与之相适配的资金注入、较高的农民数字素养等。2022 年张家口围绕特色农业、乡村旅游、光伏、生态等产业，投资 22.8 亿元实施项目 628 个，形成"1＋12"乡村特色产业发展体系，为数字乡村催生新业态奠定了基础。张北郝家营乡以数字乡村为抓手，按照"生产、生活、生态"三生融合理念，将全乡划分为"一核、两区、三线、多业态"，其中包含一个三产融合现代设施农业示范园区、一个草原文化与现代农业融合园区，并形成了绿健食用菌、蔬菜包装、中都马业等多业态发展格局。再如沽源石头坑村在注重培育农民数字技术应用水平的前提下，依托数字平台，借助互联网、VR 技术及其他数字传媒技术，深挖乡村旅游资源，提升民宿乡村体验游核心竞争力，多渠道提升农民收入。

4. 数字乡村建设提高基层政务效率

乡村治理是一项系统性的综合工程，参与主体多元，需要协调多重利益目标。数字技术的运用提升了乡村综合治理信息化水平，使得农民在乡村治理中更有参与感和安全感，同时为基层干部的治理提供了精准的数字依据，简化了政府的服务流程，助力乡村政务服务办理更加高效和普惠。一方面，通过网上公开党务、村务和财务，乡村管理运营情况更加公开透明，保障了农民群众对村集体党务、村务和财务的知情权、决策权、参与权和监督权，让农民更有安全感。另一方面，数字赋能乡村治理表现在可以消除信息不对称、助力部门精准决策。数字技术首先可以用来监测和管理突发事件，如传染病、洪水、地震等社会灾害、自然灾害等，最大限度地收集信息，助力基层部门及时协调数据流和改善决策的精准性。其次，数字技术可以大幅降低政府部门的监管成本。数字技术赋能改变了传统线下"大海捞针"式的人工监管的同时，监管大规模向网络化、非现场化转变，监管成本明显下降，政府能够以更少的投入完成更大范围的监管。但是数字技术对乡村治理本身是双刃剑，因此难以单纯依靠数字技术就能实现，需要与之适配的基层政府工作人员的数字素养、简化易操作的政务平台系统和配套的制度容量。2021年张家口在全省率先出台《关于健全防止返贫动态监测和帮扶长效机制的实施意见》，重视建立与之相适应的工作机制，实现了市县乡村防返贫监测网格化全覆盖，识别重点防贫对象 11 331 户 22 520 人，全部落实针对性帮扶措施，为 6 543 户 13 307 人稳定消除返贫风险。再如万全区太师庄村在安装村内公共区域监控设备的同时，安排了数字素养较高的青年工作人员负责监控开关、调试运行等方面的工作，村里一旦出现突发事件，系统就能实现及时上报，还能与现场人员实时视频沟通，对突发事件做出及时的响应与决策。

（三）张家口数字乡村建设赋能不足的表现及原因分析

数字乡村建设为张家口乡村振兴提供了强大的技术赋能效益，但与此同时，也逐渐展现出与乡村现实情境的失调，致使其赋能作用不充分、不平衡，在一些领域出现投入与产出不成正比的情形。如从 2018 年到 2021 年，省级数字乡村建设试点县（区）张北县、万全区的农林牧渔业总产值的增幅分别为 18.75％和 36.17％，却低于非试点县康保县的 42.70％、怀来县的 49.18％。产生这种现象的主要表现及原因主要有以下几个方面。

1. 技术匹配性、数字素养阻碍农业数字化技术应用效率的提升

传统农业生产受自然环境的影响较大，而现代化农业生产则可以通过运用数字信息技术实现全产业链改造升级，提升农业全要素生产率（王利敏，2022）。但是，与数字乡村建设的投入及高质量发展农业的要求相比，受自然环境、农户素养、资金成本等多种因素的影响，张家口数字乡村建设对农业生产赋能作用明显不足。虽然张北县、万全区被列为省级数字乡村建设试点县，怀来县、万全区、尚义县、赤城县、蔚县先后被列为省级"互联网＋"农产品出村进城和智慧农业示范建设项目试点县（区），但上述地区数字技术的普及应用和催化作用远远不够。在作业环节，已有的技术及设备与当地自然环境匹配度较低，应用率不高。2020 年张家口节水灌溉面积 193.95 千公顷，其中喷滴灌面积 27.73 千公顷，低压喷灌面积 72.15 千公顷，较 2019 年的 202.55 千公顷有所下降，且在河北省各地级市中排位较靠后，地形地貌与技术设备匹配度不高是造成该现象的原因之一。如万全区太师庄村，在作业环节采用无人机打药授粉并实施智能灌溉，但是该村庄 2 300 亩土地碎片化非常严重，且智慧农业成本偏高，难以形成规模效应，因此，相较于传统种植农业而言，该地区的智慧农业土地增收并不高。在监测和监控环节，农民对农业物联网设备的接受程度不高，数据采集利用率较低。一是农民对数字农业的理念接受性不强，依然习惯按照经验来种植。二是在张家口农村地区普遍存在技术排斥现象，即农村留守老人和外出务工青年游离在数字乡村建设体系之外，这是由以下两方面原因造成的：一方面，张家口从事农业的人员数量不断降低，且老龄化呈上升趋势，随着学习能力和认知功能的退化，对物联网设备的应用能力不足；另一方面外出务工的青年与村庄之间的关联日益弱化，参与数字乡村建设的积极性不足，同时对乡村各项数字服务的体验感、获得感也不强。根据《张家口经济年鉴》，乡村从业人员中从事农林牧渔业的人员由 2018 年的 102.06 万人下降到 2021 年的 86.85 万人，降幅达到 14.9%；分县域来看，降幅较大的县域有崇礼区、怀安县、怀来县和康保县，降幅分别为 48.29%、24.59%、21.72% 和 19.42%。由此可见，张家口各县域的人口规模不断缩减，数字乡村技术很可能会面临"无人可用""无人能用""无人想用"的困境中。在数据分析环节，各乡村普遍对数据分析的重视程度不足，且缺乏相关的分析能力，主要仍停留在信息发布、图表展示、统计归类等初级应用，农村数据资源分散，公共数据共享开放不足，没有很好地发挥对现代农业发展的赋能作用。

2. 数字环境建设不足以支撑数商兴农效益显现

虽然数字信息平台可以减少农产品的流通环节，精准供需关系，降低交易成本，但是，现阶段张家口数字乡村建设在农产品流通领域发挥的作用仍有待提高。据统计，2021 年，限额以上通过公共网络实现的农林牧产品销售额为 1 235 万元，仅占农林牧产品总商品销售额的 4.15%，占比明显偏低。一是农产品供需不匹配，产品结构单一化比较严重。受限于自然环境的影响，张家口粮食作物结构单一，不能有效满足市场多元化的需求，粮食作物中谷物（玉米、谷子、燕麦）总产量占比较大，2021 年占比达到 73.81%，远高于豆类、薯类。同时，目前张家口农产品的生产和加工流程趋于分散化，缺乏标准化和科学化的经营准则，主要粮食作物难以形成较为完善的产业链，进而提升农产品的流转率。二是平台开发主体泛滥且平台运行各自独立。在数字乡村建设纳入国家乡村振兴规划的背景下，各地积极搭建数字平台、开发小程序或者信息系统。在此过程中，容易产生平台开发泛滥和资源浪费问题。一方面，张家口各地财政收入普遍较低，而高昂的数字平台建设经费则加重了财政负担；另一方面，在条块分割体制下，市直各部门及各县域并不能互联互通，实现共享数据，因而重复采集数据信息和建设数字平台问题较为普遍，造成资源浪费，平台建设效益有限，不能从区域总体层面正确传达农产品信息，从而影响了农产品流转率（刘天元等，2022）。三是农业产业化龙头经营组织数量较少且经营规模小，农户带动力不足，农产品流通全链条组织化程度偏低，不能有效提升当地农产品的流转率。2021 年，张家口农业产业化龙头经营组织共计 177 个，其中销售额 2 000 万元以上的有 99 个，占比 55.93％，低于全省层面的 65.58％。而订单带动农户为 319 355 户，较 2019 年的 428 306 户大幅下降①。这主要是由于市场缺乏统一组织，大部分农产品流通中的参与方独立运行，不能有效降低农产品的流通环节，致使市场信息沟通不畅，数字技术平台利用效率低，导致农产品流通受阻。相反地，部分企业则能充分利用数字技术，促进产品发展。如察北雪川形成了集种薯培育、商品薯生产、产品加工于一体的完整产业链，极大地带动了大宗农产品发展；巡天农业则在万全区建成首家现代农业种植基地，并打造千亩集中连片优质农田并建设配套设施，今后能够促进太师庄村农业产业规模

---

① 数据来源：《河北农村统计年鉴 2022》。

化种植，实现村民稳定增收、村集体经济不断壮大的乡村振兴目标。但其他县域则相对缺少龙头组织，不能有效发挥市场作用，打通农产品产销一体化渠道。四是物流和冷链等配套基础设施建设存在短板。截至 2023 年初，张家口登记在册拥有冷冻保鲜车的公司有 14 家，共有 70 多辆冷冻保鲜车，其中张家口俊峰道路运输有限公司有 39 辆，占全市冷冻保鲜车总量一半以上。但全市的冷冻保鲜车辆主要用于超市和工厂的农副产品的日常运输，不负责零散冷冻保鲜农副产品的运输，而冷冻保鲜农副产品的零散物流基本以快递为主，费用较高，不利于农产品大规模流转。

3. 资金、制度供给短板导致县域数字新业态发展驱动力不足

随着互联网在乡村的普及，数字经济逐渐在农村新业态中发挥着重要作用，突出表现在数字经济通过优化乡村旅游资源配置、丰富乡村旅游产品及服务创新、改变乡村旅游营销方式等途径，助推乡村旅游高质量发展。随着数字乡村建设的不断完善，虽然张家口乡村旅游取得了一定发展，但是仍未能充分挖掘和提升乡村旅游价值。在乡村旅游资源配置方面，缺乏统一规划，不能很好地应用数字技术整合资源、打造产业经济链。如蔚县具有特色村镇、遗址遗迹、宗教庙宇、非物质民俗等丰富的乡村旅游资源，但存在规模不大、分布不均等问题，导致知名度较小、市场影响力也一般。造成这种现象的一个重要原因就是政府缺乏统一规划，并不能利用"掌上蔚州""数字乡镇"等平台有效整合交通、食宿、旅游等资源，致使大部分乡村发展仍然停留在自我发展阶段，经营主体也主要为当地村民，不能形成完整的旅游产业链，进而影响了蔚县乡村旅游产品生命周期。在丰富旅游产品及服务创新方面，传统的乡村旅游服务不能依托数字技术丰富产品种类及服务，旅游产品单一，致使竞争力下降。比如被列为乡村旅游重点村的万全区霍家房村，受康宁湖生态园被拆影响，现有的民宿产业基本停滞，大幅影响了村民收入。造成这种现象的一个重要原因就是旅游产品太单一、依赖性较强，没有借助当地良好的生态优势丰富产品种类和服务，进而提升自身发展竞争力。在改变旅游营销方式方面，各地并没有将宣传经营和现代网络有效融合，与周边省市的旅游景点相比，知名度不高。如被誉为"中国剪纸第一村"的蔚县南张庄村，受多种因素影响，其剪纸艺术并未得到很好的传承。一是受地理位置影响，蔚县总体处在山间盆地，地理位置相对偏僻，市场关注度不高；二是政府部门、民间群体对其重视程度不高，以"蔚县剪纸"为关键词，在微博、抖音等网络平台进行检索，未能找到官方宣传平台，而"蔚县剪纸"的公众号更新速度较慢，有关的文章推送屈指可数。三是当地规范不足，难以监管。蔚县剪纸虽然在国家级非物质文化遗产名单之内，但是政府的监管和支持力度相对较弱，出现了市场乱象，极大地影响了艺人创作的积极性。

4. 技术适配性、人才紧缺阻碍了乡村数字治理效能的发挥

张家口市村域广、老龄人口占比较大，乡村治理涉及面广、事多、量大，管理压力大，而数字乡村建设则是乡村治理数字化的助推器，能够通过信息化手段感知农村社会态势，实现乡村治理精准化。但是，现有的数字乡村建设水平与乡村治理的融合度并不高，不能实现乡村的有效治理，即数字技术嵌入乡土社会不适配。在数字技术向乡村治理渗透的过程中，遇到一个重要挑战就是传统思维观念，即农民对新事物的缓慢接纳甚至排斥给乡村治理数字化变革带来了巨大阻力。一方面，传统乡村治理主要依靠风俗习惯及经验等非制度性因素管理公共事务，这与现代化乡村治理相矛盾（王瑞等，2023）；另一方面，乡村以老人居多，多数老人并不会使用现代化的技术工具，如微信、手机 App，在日常管理中依然离不开传统的现场办公。

三、张家口地区数字乡村典型应用场景与实践案例

自数字乡村战略提出以来，张家口积极推进基础设施建设、农业生产数字化、农产品电子商务和农业大数据建设，数字赋能乡村振兴的积极作用有力彰显。张北县郝家营乡开创坝上设施农业数字先河、万全区宣平堡乡启动"乡信"治理平台、涿鹿县东山村成为全省首个"数字人民币应用试点示范村"等多个典型场景和实践案例应运而生，为推动全市数字乡村建设发展起到了良好的示范作用。

（一）应用场景 1——农业生产智能化

因传统农业生产受环境因素的影响较大，而数字乡村建设可依托大数据、物联网等信息技术对农业发展模式进行改造升级，进而提高农业生产效率（刘天元等，2022）。因此，农业生产智能化是数字乡村建设的一个重要应用场景。在生产环节，在种植业领域，智能催芽、智能灌溉、无人机施药、测土配方施肥、农产品溯源技术等不断应用；在畜牧业领域，信息化技术不断被应用于饲喂、产奶、配种、健康状况等信息实时采集；在水产养殖领域，数字化技术被广泛应用到环境监控、病害监测预警、和饲料投喂等领域。在农机装备领域，自动挤奶设备、自动推料机、设施环境监控设备、农机辅助驾驶导航监控终端等技术正不断被推广运用。在监测环节，通过使用各种农业物联网传感器等环境监测设备，实时采集空气的温度、湿度、光照、二氧化碳浓度等指标，并通过网络传输给数据处理平台，平台再根据相关的农事管理措施，实施精准控制。

在监控环节，利用无人机遥感，可实现对农作物的生长、面积、产量等数据的监测。

案例 8-1

赤城县：智慧农业助力蔬菜种植

1. 背景介绍

赤城县是原国家扶贫开发工作重点县，位于河北省西北部，东邻承德，北靠坝上，南与北京山水相依。2019年底272个贫困村全部出列；2020年2月退出贫困县；2021年获河北省脱贫攻坚先进集体。按照京津冀协同发展战略和首都"两区"功能定位，该县明确以"首都生态屏障示范带、环京协同发展示范县、国家旅居康养度假示范区"为发展战略定位，坚定走好"绿色发展、生态强县"之路。作为蔬菜种植大县，近年来赤城县多措并举大力发展智慧农业，提高农业信息化管理水平和生产效率。

2. 主要做法

一是坚持高位推动，确保各项工作有序推进。赤城县成立由县委书记、县长任双组长的农村工作领导小组，下设办公室，建立包联制度，统筹各职能部门推进全县农村工作，形成了党政主导、部门参与、上下联动的工作机制，构建了形成权责明晰、运转高效、协同有力的工作体系。同时，为进一步强化统筹推进，2023年赤城县制定印发了《2023年赤城县绿色农牧产业崛起行动方案》《赤城县设施农业（种植业）发展2023年度推进方案》等文件，把责任落实到岗、具体到人，确保各项工作环环相扣，有机衔接。

　　二是积极将产业园区纳入物联网管理平台，提升信息化管理水平。为提高农作物种植数字化水平，实现提质增效，通过安装摄像头及传感器，各产业园区能够实时将图像、温度和湿度等与种植密切相关的参数传送到物联网管理平台与手机上，从而完成对园区的统一监控，为农业生产、服务、监管提供数据支撑。与此同时，赤城县政府不断加强与科技专家团队的合作联系，在物联网管理平台开通了12396农业科技服务热线，将专家与产业园区、农业市场、农户紧密对接，全面提高全域的农业信息化水平与管理水平。

　　三是设立产业发展引导资金，培育适合本地发展的现代化特色农业。赤城县以全国农业科技现代化先行县为示范引领，通过培强供应链、拓展产业链和提升价值链等，大力发展农业产业链，培育现代化特色农业。目前，赤芍种植、架豆种植、民宿和农产品精深加工已成为赤城县的主导产业，得到倾力培育。如赤城县已投资2 400万元打造药材科技示范园区和5 000亩赤芍标准化种植基地，并与中国农业科学院合作建设中国芍药之乡专家工作站。此外，赤城县不断加强与科研机构的合作，与河北大学、河北工业大学等7家单位共建赤城县乡村振兴科研示范创新驿站[①]，加强科技创新，促进科技成果转化，使技术难题就地解决，零距离服务"三农"。

---

　　①　分别是与农业农村部科技发展中心共建的农业科技现代化先行专家工作站；与中国人民大学共建的乡村治理专家工作站；与中国农业科学院共建的中国芍药之乡创建专家工作站；与河北大学共建的乡村振兴专家工作站；与河北工业大学共建的秸秆综合利用专家工作站；与北京农学院共建的技术转移专家工作站；与国家电机运行技术研究推广中心共建的智能制造专家工作站。

四是开发农田地块管理系统，推进大数据与农业深度融合。农田地块管理系统将全县地块纳入系统进行管理，外地采购商只要打开微信小程序"赤城云农场"就可以登录系统。"赤城云农场"是赤城县智慧农业系统的一个重要组成部分，目前最主要功能是发展智慧产销对接模式，采购商和种植户可以双向联系，能够实现便捷、精准和点对点直采。与此同时，"赤城云农场"还可以为用户提供农业知识、气象监测、专家问答和保险服务等十类农业综合服务。自 2022 年 5 月小程序上线以来，2023 年初已有 300 多户种植大户、82 名采购商成为该系统注册用户，赤城县范围内种植的生菜、白菜、豆角等 27 类 7 万亩蔬菜已全部上"云"。

3. 取得成效

一是农作物产量得到提升。截至 2022 年底，物联网点击量达到 11 525 次，通过物联网专家服务园区 312 次，累计解决各类技术问题 200 多个，大幅提升了产量。如赤城县样田乡杨家坟村的盛丰农业园共计占地 200 亩，有育苗区、蔬菜基质栽培区和水循环栽培区。该园区配套安装了农业物联网系统，监测育苗区、蔬菜基质栽培区和水循环栽培区温度、湿度、光照强度等数十个参数。目前，该园区的基质栽培种植密度更大，收获周期更短，产值至少提高了六七倍。

二是赤城县蔬菜品牌的竞争力得到进一步提升。通过建立品牌营销服务中心，赤城县培育了"赤诚乡见""赤城架豆"等县级区域公用品牌，以及"绿雕""斌赋""霞城金谷"等企业优质品牌。"赤城赤芍"和"马营西瓜"2 个产品获国家农产品地理标志认证。赤城县构建了标准化生产、规模化运营、品牌化营销的品牌农业发展格局。

三是蔬菜产业向规模化、集约化、市场化发展。赤城县以全国农业科技现代化先行县为引领，通过在蔬菜种植、现代农业产业园、仓储物流项目的谋划、建设上持续发力，推动农业科技化、产业化发展。目前，该县蔬菜种植面积 14.8 万亩，其中设施蔬菜面积 1.8 万亩，蔬菜总产量达到 45 万吨，总产值 12.13 亿元。

案例 8 - 2

沽源县：数字赋能设施农业

1. 背景介绍

沽源县位于河北省西北部坝上地区，地处内蒙古高原向华北平原的过渡带，东临承德市丰宁满族自治县，南与赤城县、崇礼区相连，西与张北县、康保县毗邻，北与内蒙古锡林郭勒盟正蓝旗、多伦县接壤。曾是国家扶贫开发工作重点县，也曾是河北省10 个深度贫困县之一。2020 年 2 月，沽源县退出贫困县序列，正式脱贫"摘帽"。沽源县因架豆、西蓝花、马铃薯享有 3 个"中国特产之乡"称号，是京北重要的绿色农产品和夏季蔬菜生产基地，拥有 20 多个种类及 30 余万亩的蔬菜。为加快产业升级步伐，提升高质量发展质效，该县加快数字化技术应用，大力发展设施农业。2022 年，全县生产总值完成 71.3 亿元，同比增长8%，位列全市前列。

2. 主要做法

一是立足现代农业园区，将"数字乡村"建设与设施大棚采摘、生态观光旅游等业态深度融合。近年来，沽源县大力优化产业布局，开展现代农业园区建设，提升县域经济发展动能。截至2023年10月，沽源县现代农业园区面积达到30万亩，其中2个省级现代农业园区和6个市级现代农业园区。此外，该县还与中国农业科学院积极合作，打造了中国首个马铃薯标准化生产示范区，成功获评"河北省农产品质量安全县"。依托现代农业园区，沽源县大力发展生态旅游产业，促进全县新业态发展。沽源县闪电河乡结合"农旅融合、农旅互促"的发展思路，将设施农业园区分别布局在五塘坊村、马神庙村、黄羊窝铺村3个旅游线路节点，集约化建设设施大棚，3个园区分别占地200亩、700亩和500亩，采取分步实施、整体推进的方式，共建设占地1亩的蔬菜大棚241栋，主要种植生菜、菠菜、西红柿、青椒、香芹、茼蒿等精特细品种，仅大棚一项可带动群众户均增收3万余元。同时，沽源县通过在园区安装可视化监控设备，对蔬菜生产过程实施可追溯动态跟踪，利用"数字乡村"运营平台，开展线上与线下营销，实现了生产和消费的有效对接，促进农产品链上增值。

二是坚持生态产业化和产业生态化，加速构建农业发展新模式。截止到2021年，沽源县发展了多家市级以上农业产业化龙头企业，设施蔬菜种植面积达到20万亩，新建高标准农田6万亩，完成富硒耕地认证8 514亩，实施了中国北方富硒产品交易中心项目，重点培育了"沽之源"区域公共品牌，有效助力了乡村发展。作为"智慧沽源"工程数字乡村试点，沽源县闪电河乡石头坑村大力扶持藜麦规模化种植，打造特色藜麦种植乡镇。一方面，与中国联通河北省分公司合作，积极探索"藜麦基地＋数字乡村平台＋电商"发展新模式，通过"智慧沽源"数字乡村平台，农户可以对农产品进行可视化监测，扩大生产经营规模，实现数字赋能产业发展。另一方面，"智慧沽源"数字乡村平台搭建了视频监控、村务公开和数字大喇叭等模块，设置了便民小程序，有效协助干部科学管理村庄，并大幅提升了村民幸福感和安全感。

三是大力推广规模化生产技术，提升农作物产量。近年来，沽源县积极探索技术创新，推动农产品规模化生产，并在生物防治、土壤有机质提升和水氮精准施用等方面取得了一定成效，形成示范。同时，为解决水资源总量短缺、农业用水采补失衡和硝酸盐含量逐年上升等问题，沽源县为农户提供了蔬菜用水总量控制与田块水氮优化技术服务，实现了区域水资源保护与蔬菜产业发展相协同。

3. 取得成效

一是实现了农作物规模种植，打造特色"乡域经济"。沽源县依托自然资源禀赋和产业优势，大力发展"乡域经济"，使其成为县域经济高质量发展的新引擎。例如，沽源县西辛营乡围绕"党委＋支部＋协会＋农户"的模式，不断加大产业结构调整力度，依托架豆种植优势，不断夯实农业基础、扩大生产规模和提高产品质量。截至2023年初，该乡共种植11 785亩架豆，建成60处设施架豆园区和5 762座架豆大棚，辐射全乡21个行政村和周边县乡近 50 个行政村，构建了沿张沽线的百里架豆产业带，成为享誉全国的"架豆之乡"。

二是产业融合不断深入，打造了绿色产业体系。沽源县依靠科技种植和数字融合，不断延伸产业链、提升产品附加值，着力构建了现代农牧和新能源等绿色产业融合发展的产业体系。截至 2023 年 10 月，沽源县打造了库伦淖尔等 12 个精品旅游景区景点，建成了老掌沟等地的 22 处精品民宿，大幅提升了旅游产业发展水平。截至 2023 年 9 月底，沽源县累计接待游客 282.6 万人次，旅游综合收入 26.62 亿元，与 2019 年同期相比分别增长 165.4%、191.39%（王映华等，2023）。

三是延伸全产业链条，打造"中国藜麦第一县"。按照"做强传统产业、做优特色产业、做大优势产业"的思路，沽源县强力推进产业转型升级、提质增效，重点培育了一批以藜麦为代表的特色产业，全县种植技术已经实现了播种、除草和收割全程机械化，形成了集品种选育、示范繁种、规模种植、初精加工和线上线下销售为一体的产业链。目前，藜麦种植发展到 3.5 万亩、年产值在亿元以上，辐射全县 14 个乡镇 60 多个村、3 000 余户种植户，沽源县已成为华北地区种植规模最大、加工设备最先进的藜麦生产基地，"中国藜麦第一县"建设取得实质性进展。

（二）应用场景 2——农村流通便捷化

传统农产品的流通一般会经过多个中间环节，存在流通环节多、和信息不对称等问题（董晓波，2023）。现代数字技术可为解决上述问题提供技术支撑。以互联网和信息技术为支撑的线上信息平台，将农产品流通过程中的农户、批发商、经销商串联起来，使农产品信息可以快速地传达到各个节点，提高了农产品流通各环节的透明程度，极大地降低了交易成本。同时，智慧冷链物流对生鲜农产品全程实施温度控制，有效降低了农产品的损耗。另一方面，由于农村电子商务进村综合示范持续推进，农产品电商品牌不断培育壮大，各地可通过网络直播带货、电商和微商等农产品营销模式，不断拓宽农产品营销渠道，大幅提升流通效率。

案例 8-3

蔚县：聚焦农村物流配送体系，
畅通农产品进城渠道

1. 背景介绍

蔚县位于北京市正西，张家口市最南端，连接两省（河北省、山西省），通达七县区（张家口市涿鹿县、保定市涞水县、保定市涞源县、大同市灵丘县、大同市广灵县、张家口市阳原县、张家口市宣化区），是京津冀、晋冀蒙两大经济圈和环渤海都市圈的重要节点，是全国文化先进县、中国剪纸艺术之乡、国家文化产业示范基地、中国最佳民俗文化旅游城市和国家全域旅游示范区创建单位。作为原国家扶贫开发工作重点县，截至2020年末，蔚县贫困人口全部高质量脱贫，减贫成效前所未有，脱贫攻坚战取得全面胜利。但蔚县脱贫人口多、面积广，仍面临着艰巨的巩固拓展脱贫攻坚成果任务。按照党中央决策部署，该县明确将消费帮扶作为巩固拓展脱贫攻坚成果同乡村振兴有效衔接的长效举措。

2. 主要做法

一是构建县、乡、村三级物流配送体系。一方面，蔚县大力完善农村物流设施网络，加强县域电商、快递、交通运输和商贸物流等资源的整合，建设改造县级物流配送中心，并积极推动供销社做好全国农村产权流转交易市场建设试点，截至2023年11月，该县已建立22个乡镇、561个行政村交易服务站点，有力支撑了工业品下乡和农产品进城双向配送服务，完善了农村物流末端网络。另一方面，按照"统一标识、统一采购、统一配送、统一定价、统一标准"原则，发展共同配送物流模式，鼓励快递、交通、供销、商贸流通等物流平台开展市场化合作，加强货源、仓储、站点、车辆、人员、线路、信息等资源整合，并加快推进物流配送数字化、自动化、标准化建设，大力推广标准化托盘和自动化分拣，以降低物流成本，提高配送效率。此外，蔚县全面提高农村电商覆盖度，持续推进电商进农村示范工作，巩固提升电商服务中心、物流配送中心和电商服务站点功能，积极发展品牌、物流、培训、金融和营销等服务，着力提升可持续运营水平。

二是优化农村消费品供给渠道。为提升农村消费水平，畅通消费品供给渠道，蔚县积极引导大型商贸流通企业下沉供应链，进县城、入乡村设立连锁门店，布局前置仓、物流配送等设施，提供直供直销、集中采购和统一配送等服务，大幅提升农村购物的便利性。壮大农村电商消费网络，培育壮大农村电子商务市场主体，择优支持对蔚县网上零售业绩贡献大、电商产业带动作用突出的农村电商平台等新型商贸业态项目，以促进农村电子商务高质量发展。推动便民市场提档升级，坚持布局合理、设施完善、交通便捷、环境优良、便民惠民原则，选择服务对象相对集中，交通便利，供电、给水排水、通信等市政条件较好，符合消防、食品卫生等安全要求的场所，新建或改造农贸市场，强化便民服务功能。

三是增强农村产品上行功能。为满足农产品跨地域、大流通和反季节等需求，蔚县不断加强农产品冷链物流建设和补齐农产品冷藏保鲜设施短板，鼓励在产地附近建设和改造集配中心和冷库等设施，以提升对农产品的预冷、储藏和分级包装等能力（冯阳，2023）。健全农产品供应链体系，通过鼓励农产品田头市场建设和推进批发市场改造升级，打造了以农产品产地市场为核心的现代农产品供应链体系。同时，打造"电商＋云仓＋快递物流"仓配模式，提高农产品上行效率，降低产品运输时间及成本。完善农产品产销对接机制，积极培育绿色、有机和地理标志农产品标识，通过多种渠道形式，加大宣传推介力度，培育全县农产品形象和品牌。此外，大力推广订单农业，支持商贸流通企业、电商平台和农产品批发市场采取"农户＋合作社＋企业"模式，签订长期农产品采购协议，实现精准对接，增强农副产品持续供给能力。健全农资流通网络，鼓励有实力的农资流通企业开展跨区域横向联合和跨层级纵向合作，发展直供直销、连锁经营、统一配送等现代流通方式，增强农资终端配送和服务能力，夯实为农服务"最后一公里"。

3. 取得成效

一是打造了"一乡一业、一村一品"的产业格局。蔚县立足本地特色产业，引进培强产业化龙头企业，创新实施了"十金"（金小米、金剪刀、金树花、金猪仔、金鸡蛋、金烟叶、金杏仁、金白菜、金药材、金太阳）扶贫产业模式，打造了"一乡一业、一村一品"的产业格局（梁昆，2021）。截至2024年11月，全县已培育了13个省市级产业化重点龙头企业、96家家庭农场和1 397个农民专业合作社，农民生活发生显著变化。如河北蔚尚瑞熙农业发展集团有限公司通过发展中药材种植年产值1 000多万元，直接带动乡村人员就业150多名，季节性用工3 000多人次。益海嘉里（张家口）食品工业有限公司以"订单种植、盈利反哺、品牌营销、全链整合"为特色，订单种植谷子5万亩，增加农户收入500万元。蔚县宋家庄镇吕家庄村大力发展设施农业，种植西红柿、辣椒、草莓等经济作物。截至2021年10月，村里共有120个春秋大棚、88个暖棚、4个种植合作社和1个农机合作社，该村村民的年收入从人均6 000元增加到人均1万元左右。南杨庄乡因地制宜调整产业结构，引进浙商，流转土地，建起了2 200亩麒麟西瓜种植基地，发展起了自己的特色产业——麒麟西瓜，该品种皮薄、瓤甜、多汁、无籽，市场认可度较高，供不应求。

二是科技扶贫服务效果显著，村民数字素养不断提高。蔚县加强农业科技"团、站、员"建设，将农口部门技术骨干组成蔚县科技扶贫专家服务队，服务队下设蔬菜、林果、畜牧、特色种植和节水灌溉5个技术指导组。截至2020年10月，全县22个乡镇建起了科技服务站，配备兼职技术人员114人。选派的35名农业科技特派员，联系206个贫困村，针对所服务乡镇、村特色产业需求以及协议职责，开展了政策宣传、科技培训、技术咨询和创新创业指导等工作。同时，充分利用"京科惠农大讲堂""张垣农业网络大讲堂"网络培训资源，线上线下相结合开展农业科技培训，受益群众 1 400 余人次，农民数字素养不断提高。

三是乡村振兴全面推进，巩固脱贫效果显著。截至 2022 年底，全县脱贫群众持续增收，识别重点防贫对象 1 884 户 3 660 人，新建高标准农田 4.5 万亩，脱贫人口人均纯收入 9 892 元，同比增长 11.8%。乡村建设持续发力，建设"四好农村路"48.5 公里，硬化村内街道 26.5 万平方米，改造农村户厕 725 座，农村人居环境得到改善。乡村治理体系不断健全，治理能力有效提升。

案例 8－4

万全区：农村电商实现跨越式发展

1. 背景介绍

"中国鲜食玉米之乡"万全区东临首都北京，西傍煤都大同，南接华北腹地，北靠内蒙古草原，是京、晋、冀、蒙经济文化交流的枢纽，连接东部经济带与中西部资源区的桥梁。万全区曾是国家扶贫开发工作重点县，2016 年区划调整为张家口市万全区；2018 年 9 月，万全区成为"2018 年电子商务进农村综合示范县（区）"；2019 年 5 月正式退出贫困县序列；2020 年 12 月，万全区被列为河北省数字乡村试点地区。按照"政府推动、企业主导、社会参与、品牌带动、产业支撑"的发展思路，该区积极培育优质示范主体，推进线上线下融合发展，着力布局和发展鲜食玉米种植加工业、燕麦加工业、设施错季蔬菜种植业电商扶贫产业体系，着力打造优势电商产业链条，助推电商扶贫工作提质增效（刘雅静等，2021）。

2. 主要做法

一是大力发展电子商务，积极推进线上线下融合发展。万全区以发展电商为抓手，重点推进县级电子商务公共服务中心和县级农村电子商务物流配送中心及143家乡村电子商务服务网点建设，为农产品的上行和工业品的下行夯实了电商发展基础。同时，万全区坚持把农产品上行作为发展电子商务的主攻方向，坚持外引内育、共融发展思路，引进阿里巴巴、京东、苏宁易购、中国网库和字节跳动等全国知名电商企业落户万全区，并分别签订多项合作协议，推进不同领域电商扶贫项目的落成，内容涉及农产品推介销售、主播培训、经营站点设立和公用品牌推广等多个方向，进一步突出了"品牌"优势，有力促进了"多网"融合。

二是发展壮大物流企业，构建农村物流配送专线和电商服务站。电商发展离不开物流行业的支撑。因此，万全区积极争取中央和省财政支持物流项目建设，不断完善区、乡、村三级电商物流配送体系。一方面，加快推动多式联运融合发展，降低综合货运成本。在农产品主产区和特色农产品优势区支持建设一批田头小型冷藏保鲜设施，推动建设一批产销冷链集配中心。另一方面，加大村级寄递物流综合服务站建设密度，不断完善县级物流公共配送中心功能，为全区农产品上行和工业品下行提供物流保障。

三是鼓励电商企业积极与村庄对接，巩固拓展脱贫攻坚成果。万全区在推动电子商务发展的过程中，通过订单销售、吸收就业、企业反哺等多种方式参与扶贫，推动电子商务与巩固拓展脱贫攻坚成果深度融合，切实拓宽困难群众增收就业渠道，先后以"基地＋订单＋农户"的方式将困难人口吸附到产业链上，以及通过消费帮扶、入股分红等多种方式带动2 000余户困难农户增收致富。同时，企业在增收增效的基础上，主动回馈社会、帮扶困难人口，如张家口禾久农业开发集团以计提电商销售溢价公益基金模式对困难农户进行电商帮扶"二次分红"。

四是积极培育当地电商人才群体，加强人才队伍建设。万全区电子商务服务中心定期开展农村电商服务宣传，针对政府、企业、农民等提供线上、线下基础普及性的公开、免费培训。就电商基础知识、电商政策解读、农村电商案例分析、电商模式解析、农村电商现状、社交电商和直播电商等内容，对政府机构、涉农企业、合作社以及乡村基层干部、致富带头人、返乡大学生、青年创业者、退伍军人、下岗职工、残疾人、村级电商服务站工作人员等各类农村人口开展培训。通过现场操作、个别指导、交流探讨，用深入浅出的方式，提升农民的直播能力，推动万全区农村电商快速发展。

五是打造直播基地，建成直播选品中心。直播电商的发展为很多创业者提供了条件，万全区电子商务公共服务中心以"张家口电商产业园直播基地"模式为万全区电商提供服务。服务中心共有近20个专业直播间，产品涉及服装、车载用品、家庭用品、农副产品四大类，SKU（库存量单位）共计20 000多个，并成功孵化企业、个人近50家（人），提供了近百个就业岗位。同时，服务中心开展集中训练营，进行封闭式实操培训；合格的创业企业或个人可直接入驻服务中心，开设自己的直播间，服务中心将为他们提供直播商品。

3. 取得成效

一是全区农产品网络零售额实现跨越式增长。全区农产品网络零售额连续多年位居全市第一，由2018年的1.18亿元增长到2021年的2.4亿元，增长率为103.39%，实现了跨越式发展。电子商务发展已成为万全区农副产品新的重要销售渠道，并初步形成了以鲜食玉米、燕麦和小杂粮为主要发展方向的电子商务发展格局。其中，鲜食玉米改变了过去以出口和线下销售为主的模式，转变为国内、国外两个市场齐头并进，线上线下"两条腿走路"的模式，产业发展连续多年稳定增长。

二是加快打造全产业链融合发展体系。以禾久、天勤、穗康为主要代表的鲜食玉米生产企业逐步由劳动密集型生产加工向资源密集型生产加工转型。鲜食玉米种植面积也由2016年的2万亩增加到2023年的8.5万亩，20家鲜食玉米企业旗下加工厂共落实种植基地18.4万亩，并且全部实现了订单化、基地化、标准化种植，全区鲜食玉米行业规模化集约化种植、机械化采摘、现代化生产加工、互联网销售的一、二、三产全产业链融合发展态势已基本形成。此外，以张家口北燕燕麦食品开发有限公司为代表的燕麦生产加工企业、以张家口龙辰博鳌物流有限公司为代表的现代物流企业、以张家口通达纸塑彩印有限公司为代表的包装生产企业、以张家口网贸港电子商务有限公司为代表的电商企业逐渐壮大，行业融合发展步伐加快。

三是叫响了"万全卫道"区域公共品牌。依托农村电商发展，万全区全力打造并叫响了"万全卫道"区域公用品牌，部分农产品通过参加第二届柬埔寨国际贸易博览会成功走出国门。"万全卫道"区域公用品牌先后获得"2019河北省农业品牌创新创意设计大赛"三等奖、"2019年全球社交新零售大会年度百强品牌"称号。2020年，以区域公用品牌产品线上线下融合体验店"万全卫道"美食广场在万全区核心位置正式开业，有助于区域公共品牌打造和公用品牌产品的推广。截止到2021年9月，万全区电子商务公共服务中心"万全卫道"区域公用品牌直播活动及线下活动不低于100场。

（三）应用场景3——乡村治理数字化

现代信息技术的快速发展，特别是以数字技术为代表的信息技术不断发展，为乡村治理数字化发展注入了新的动力源泉，也为乡村治理提供了新的方法和工具。乡村治理数字化是数字乡村建设的重要内容之一，目前各地区、各单位正结合实际开展乡村数字化治理实践。随着"互联网＋政务""互联网＋党务""互联网＋社区"等不断向农村地区延伸，形成了一大批可复制、可推广的典型模式。将数字技术应用到乡村治理中，是新时代提升治理效率、丰富治理措施和促进治理现代化的重要举措，为农业农村高质量发展提供了有力支撑。

案例 8-5

张北县：数字赋能乡村治理

1. 背景介绍

张北县位于河北省西北部的坝上地区，背靠内蒙古、南临京津，处于京冀晋蒙的中心节点。张北县先后被确定为国家扶贫开发工作重点县、国家扶贫开发燕山-太行山连片特困片区县，以及河北省 10 个深度贫困县之一。2019 年，全县贫困人口全部出列，建档立卡工作被列为全国典型。2021 年，全县乡村人口29.94 万人[①]，在张家口下辖的 10 个县中，乡村人口数量排第二（蔚县排第一）。因此，从人口数量来看，该县在乡村治理方面存在一定的难度。另一方面，随着"空心村"治理工作的完成和经济社会的不断发展，张北县城镇化率不断提高，由 2016 年的63.43％上升到 2022 年的 70％[②]（10 个县中排第一），张北县人口分布又呈现出向城镇进一步聚集的态势，乡村治理的中坚力量进一步缺失，从而使老龄化问题进一步严重并加大了乡村治理的难度。2020 年 12 月，张北县被列为河北省数字乡村试点地区。为破解乡村治理难题，2022 年，张北县郝家营乡在西高庙村进行试点，探索数字化赋能乡村治理，着力打造智慧管理平台，对乡村治理重点难点问题逐一突破，在探索乡村治理的新路径上取得明显成效。

---

① 数据来自《张家口经济年鉴（2022）》，此处人口为户籍人口。
② 数据来源：《张家口经济年鉴》。

2. 主要做法

（1）重视乡村治理人才队伍建设，加强乡村治理数字技术供给

乡村振兴，关键在人，人才是基层管理的重要保障。张北县坚持把人才队伍建设作为推动乡村治理的重要人才力量，深入开展乡村数字治理专业技术人才和管理人才的培育工作。

一是大力发展特色产业，吸引人才聚集。张北县立足"首都两区""河北一翼"的定位，依托国家可再生能源示范区核心区发展优势，大力发展新型能源、数字经济、康养旅游、现代农业和高端装备制造等产业，吸引人才回流，并带动在村群众和弱劳动力实现就业创收增收，提升人才聚集驱动力。同时，张北县不断加大优质公共服务供给，打造高质量的人才保障体系。截至2023年5月，已建成432套人才安居住房，开通了27条绿色服务渠道，为人才提供安居、社保、医保等优质服务，提升人才服务保障能力。

二是组织开展技能培训，有效提升数字素养。为提高基层管理人员的乡村治理能力，张北县深入乡村，先后组织开展"耕耘者振兴计划"乡村治理骨干培训班、"数字乡村"与"年轻一代"培训会等多场培训，举办能工巧匠、电商运营之星、金牌导游和种植养殖能手等多类评选比赛，切实提升乡村基层党员干部的数字素养，厚植本土技能人才优势。

三是组建高端人才智囊团，打造乡村振兴"人才库"。张北县出台政策聚英才，围绕现代农业、全域旅游等乡村支柱产业，组建多个乡村振兴专家智囊团，成立了河北工业大学（张北）产

业技术研究院、河北农业大学张北乡村振兴研究院，分别引进博士、高校专家教授作为岗位专家，通过领衔编制产业规划、现场会诊把脉等方式，为该地区乡村数字治理提供坚强的人才保证和智力支撑。

（2）积极整合多方力量，促进乡村数字治理协同共治

乡村治理体系的价值取向在于消解多元主体利益纷争，形成合作共治的乡村事务共同体意识，进而实现乡村"治理有效"（马丽等，2020）。因此，乡村治理需要多方联动，以提高乡村治理效能。近年来，张北县紧紧围绕乡村振兴总要求，积极整合多方力量，持续推动乡村治理提质增效。

一是强化党建引领功能。全面推进乡村振兴，离不开农村基层党组织。张北县多措并举全面优化农村基层党建，有效提高了广大村干部的工作积极性。选准"领头雁"，建强基层队伍：张北县打破区域、行业和身份等因素限制，通过请进创业人才、引入外地企业等方式，壮大了村干部队伍，有效提升了基层党组织的凝聚力和战斗力。加强管理培训，提升专业素养：为提升村委干部的数字素养，张北县对村党组织书记开展常态化培训，并通过观摩学习、典型授课等方式，全面提升党建促发展的能力。此外，张北县还成立了创业指导队伍，为农村专业合作社提供政策、资金等支持。完善服务管理，提高治理效能：张北县将党组织建在网格上，成立党小组或党的工作小组，每位小组长都扛起了牵头包干责任和网格重任，实行一对一负责、一对一管理，并精选配强队组网格员，开展常态化开展巡查、走访和服务，打通服务群众的"最后一公里"。此外，还为老龄化严重的村庄，如郝

家营乡西高庙村，安装"一键呼叫"终端机，主动回应群众需求，完善乡村治理。

二是重视发挥群众力量。群众既是乡村治理的对象，也是重要的参与者。因此，动员群众积极参与，充分发挥其主观能动性，有利于大幅提升乡村治理效能。近年来，张北县通过开展政策宣传、村民培训和引入社会力量等多种方式，不断提高村民主体性意识。此外，一方面，建立由驻村干部组成的基层宣讲队伍，用理论赋能乡村振兴。2022年以来，全县199个驻村工作队开展各类乡风文明宣讲活动216次，开展政策解读、技术培训和交流种植经验等宣讲活动203次，累计走访群众52 360人次，收集百姓说事4 357件、干部"解题"4 283件。除此之外，驻村工作队帮助村"两委"建立健全村规民约、红白理事会、道德评议会、村民议事会等治理机制，以乡风文明积分评定兑换以及"星级文明户"评比等为抓手，充分发挥干部、党员、群众代表、致富带头人等队伍力量，引导村风、民风不断净化，促进乡村治理水平大幅提升。另一方面，加强与社会力量合作，全面提升村民的精神风貌。张北县司法局到郝家营乡西高庙村开展"送法进乡村"普法宣传活动；张北县人力资源和社会保障局社保中心深入大西湾乡，开展城乡居民养老保险宣传活动；张北县文化广电旅游和体育局响应文化下乡的号召，组织艺术团下乡进村演出，为群众提供文化服务。

（3）加强数字平台建设，优化乡村治理服务效能

数字平台建设是提升乡村治理效能的重要基础，有利于推动基层治理现代化和全面化。张北县以农村居民利益为导向加强乡

村数字平台的功能优化，避免乡村数字平台服务供给与群众切实需求相脱离。

一是以基础设施建设为切入点，为乡村治理赋能。张北县持续加强基础设施共建共享，打造了集约高效、安全适用和绿色智能的乡村信息基础设施，乡村信息基础设施不断完善（郭培莹等，2020）。目前，全县行政村 4G 信号、光纤宽带网络已实现全覆盖，做到村村通宽带、户户有信号。5G 基站覆盖了各个乡镇、主要街道、重点商圈、群众办事大厅等区域。数字电视覆盖到自然村，实现了从"看电视"到"用电视"的转变，彻底解决了城乡数字鸿沟的问题。

二是以提升互联网服务为关键点，搭建资源共享载体。张北县扎实推动农村公共服务在线化，推进信息惠民工程，集约化搭建智慧平台，推动"互联网＋"向基层延伸和公共服务普惠共享。如郝家营乡依托 202 个高点信息采集设备，有效整合环保、自然资源和规划、公安、水利等资源和数据，实现森林防火、河道巡查、大气污染、农田保护、资源保护等一体化管理，形成"全乡一张网"的综合指挥系统；张北县小二台镇将数字乡村与网格化治理相结合，使 AI 视频监控覆盖至村内 2 个自然村的重要路口，安装 97 个摄像头，实现对村内重要方位全天候实时监控，守好村民的人身与财产安全。

三是构建多元化的数字治理平台考核体系，促进乡村治理提质增效。近年来，张北县推进考核内容多元化，针对乡村治理数字平台的贯通性、覆盖率、功能数和便捷性等客观指标开展考核，同时还将乡村基层党员干部的数字技能、村民的参与深度、村民的满意度和村民的用户体验等主观内容纳入考核指标。另一方面综合运用上级考评、专家测评和村民评价等考核结果，并及时作出政策调整，以保障乡村数字治理平台建设的高效有序推进。

3. 取得成效

一是打造了数字赋能引领乡村智能化的治理模式。张北县着力打造了郝家营乡数字乡村示范乡镇，该乡建设了涵盖乡村产业、乡村治理、乡村服务、乡村生态四大模块的数字系统，实现智能操作防返贫监测、网络广播、村务党务公开等功能，通过智能平台运行，共实现防返贫监测2 883人，发放救助金10.3万元、便民服务159次347人，监测治理环境"脏乱差"情况15件，表扬最美庭院25处。此外，郝家营乡将数字化手段从乡村治理拓展到乡村产业发展上来，进一步提升乡村数字化建设水平。如郝家营乡以三义美村为核心打造了省级乡村振兴示范园区，主要种植麒麟西瓜、草莓、有机绿叶蔬菜等10余个果蔬品种，实现智能数据采集、设施水肥自动灌溉和机械植保等管理技术，水资源使用率提高到90%，大幅提高了农作物产量。

二是让群众享受到更多数字红利。通过打造"健康张北"等服务平台，张北县实现了县、乡、村三级远程会诊，使村民足不出村便可享受便捷的医疗健康服务。同时，张北县对接全市一体化在线政务服务平台，推动便民服务向乡村覆盖，提高村级综合服务信息化水平和群众办事便捷程度。

三是基层治理实现精细化。一方面，信息更加透明，提升了群众的知晓度和参与度。张北县乡镇政府大力推进农村"三务"

信息公开，让村"两委"工作更加透明，进一步提升了群众的知晓度和参与度。另一方面，依托感应式电子巡更系统和全景技术，推动乡村治理自治、法治和德治的"三治"合一，让治理更有效，促进了乡村管理的自治度。

案例 8-6

康保县：打造智慧党建新平台

1. 背景介绍

康保县地处河北坝上西北部，县境东、北、西三面与内蒙古自治区相邻，曾是国家扶贫开发工作重点县，也是河北省十个深度贫困县之一，2020 年底，8.8 万农村贫困人口全部脱贫，195个贫困村全部出列，全县脱贫摘帽，被省委、省政府授予"全省脱贫攻坚先进集体"。康保县区域面积 3 365 平方千米①，2021年常住人口 13.70 万人②，常住人口密度 40.71 人/平方千米，地广人稀且老龄化严重。根据《张家口市第七次全国人口普查公报》，康保县常住人口中 60 岁及以上占比 36.02%，在张家口各县域中老龄化最严重。由此可知，康保县在乡村治理方面主要面临农村人口聚集力不高和缺少年轻群体等客观问题。自数字乡村战略提出以来，康保县结合本地发展实情，依托数字乡村建设，把党建作为引领乡村振兴的"主引擎"，打基础、补短板、强功

---

① 数据来源：EPS 数据库。
② 数据来源：《张家口经济年鉴》。

能，创新社会治理模式，打造特色产业，持续加强乡村治理体系建设，有效地提升了乡村治理水平。

2. 主要做法

（1）强化数字基础设施建设，提升网络质量和覆盖深度

以5G为代表的新型基础设施是孕育创新、促进转型、迈向高质量发展、培植发展新动能的"土壤"，康保县高度重视以5G为代表的数字信息化基础设施建设，多次组织工信局及电信行业运营商听取5G建设方面的规划，并将5G建设写入年度政府工作报告。为更好发挥规划引领和导向作用，康保县明确了相关部门科学编制5G基站专业规划，推动5G建设与城市规划和公共资源规划有效衔接，促进5G基础设施快速推进。目前，该县5G基站已全部开通入网，5G信号实现主城区基本覆盖。依托良好的网络基础设施建设，康保县不断完善乡村基础信息数据库，以信息化的公共服务平台梳理出标准的问题处理流程和处置体系，更加高效妥善地处置社情民意。

（2）强化系统思维，打造智慧党建平台

为进一步夯实党建引领作用，优化县域综合治理工作，康保县率先在张家口创建以"智慧党建"为引领的乡村数字治理体系，为经济社会高质量发展和乡村全面振兴注入了智慧动能。

一是加强科技赋能，综合提升党建工作效能。以"数字康保"项目建设为载体，加快推动网络化、数字化、智能化向社会治理、产业经济和公共服务各领域各方面延伸。截至2023年4月，初步建成了以"11311"（1个云算力中心、1套智脑中枢、3大领域智慧应用、1套对外服务窗口、1套运维保障体系）为总体

框架的"数字康保"平台，形成了由智慧党建、项目管家、数字乡村和应急指挥等多功能有机衔接的县域治理"新大脑"①。

二是推动数据信息共享，提高基层党建工作效率。针对农村党员集中管理难、党建活动开展难和党务资料查询难等问题，以赋能组织、减负基层为目标，康保县重点聚焦学、管、考、评、服5方面工作，精心设计打造了一套集标准化、专业化和便捷化于一体的党建信息化系统，通过多维度、多渠道采集数据，极大地提高了党建数据更新速率，准确掌握了基层党组织和党员的基本情况，激活了康保县基层党建高质量发展的"新引擎"。

三是以需求为导向，开展党建工作。为切实提升党建引领作用，康保县以群众需求为导向，将党建作为引领各项工作的重要抓手。一方面，通过党建服务平台的数据反馈，及时了解基层存在的热点、难点事项，开展精准服务。另一方面，高效收集各级组织工作情况，把握产业发展、阵地建设等工作动态，进一步完善治理模式。

（3）强化智慧安防建设，打造共建共治共享新模式

治理有效是实现乡村振兴的基础。随着康保县城镇化进程的不断加快（2016—2021年，常住人口城镇化率由33.22％增长到了50.24％，增长率为100.99％。但截至2021年，依然是张家口各县域中城镇化率最低的县域，因此，后期城镇化率仍会进一步提升），城镇人口流动性大和管控难度高的问题逐步显现。为加强和创新城镇治理，康保县以城镇社区作为基层治理的基础单

---

① 康保县人民政府网：http://www.zjkkb.gov.cn/single/71/80670.html.

位，采取系列措施打造城镇治理新模式。

一是推动智慧安防建设。2019年，康保县投入资金6 000万元建设智慧平安社区，初步建成公共智能系统；2020年初，将智慧交管、智慧小区、城区乡镇治安防控、道路防控、环省界卡口和智慧城管等建设项目作为全县重大民心工程打包立项实施；2020年底，全县所有重要路段、路口、全县小区基本实现了视频监控全覆盖。

二是助推智慧安防提档升级。2021年，为落实省公安厅、市公安局关于智慧安防小区建设要求，康保县以提高群众的幸福感和安全感为出发点，通过物联感知系统，建立起了"人防部署到位、物防设施完善、技术手段先进、应急处置高效"的集管理、防范和控制于一体的安防保障体系，打造建设了康保县"智慧安防社区"系统。"智慧安防社区"系统以感知模式、管理模式和服务模式提升为主要目标，运用信息化手段辅助社会治安综合治理，整合各方信息资源，搭建标准统一、组织规范、互联互通、高效运转的"互联网+"社区治理综合信息平台，构建"网格化管理、信息化支撑、多元化采集、智能化应用"的城镇治理新体系，形成了社区舒心、安防放心、政府省心、居民安心的共建共治共享的城镇治理新模式。

三是筑牢智慧安全防护。为切实守护人民群众的生命财产安全，康保县构建了多场景、全维度和立体化的生产生活安全防护和调度体系。如针对康保县气候高寒干旱、林地草场覆盖率高、防火防灾责任重、任务重的情况，康保县运用数字化手段构筑森林草地防火体系，打造数字化智能化"森林防火"系统，建设覆盖全域的防火红外及热成像监测网络，对全县森林、草地实施24 小时防火监测。

（4）强化农村路网建设，完善物流服务体系

2018 年以前，由于经济基础弱、道路建设差、道路等级低，本地车辆不好行、外地车辆不好进，严重制约了康保县经济发展和人民群众的出行。为此，康保县将农村路网建设作为乡村振兴的重要抓手，将农村路网建设与美丽乡村、特色产业、生态旅游、绿色发展和保障民生有机结合，助推康保县各项事业快速发展。

一是建设好农村公路。康保县全力推进农村公路建设，补齐道路短板。2018—2021 年间，康保县公路里程由 672 公里增长到 2 619 公里[①]，增长了近 3 倍，其中，2018—2019 年共计完成农村公路 1 027.7 公里建设任务，农村公路服务水平迅速提升，草原旅游天际线建成，农民群众出行环境改善。

二是构建内畅外联的交通体系。康保县对 15 个乡镇逐村进行调查，为康保县科学确定路网体系提供了翔实的第一手资料。同时，按照常住人口不足 50 户的行政村、易地扶贫搬迁村"两不"规划原则，确定了全县农村公路建设规划。这既确保了康保县乡乡通油路、村村通硬化，又避免了资金的重复投入。

三是管理与运营好农村公路。拓宽致富路，管好是关键。康保县建立完善农村公路县、乡、村管理机构，制定了《康保县农村公路"路长制"实施方案》，按照"县道县管、乡村道乡村管"的原则，明确各级路长和路长日常工作机构及职责，制定和完善

---

① 数据来源：2019 年、2022 年《张家口经济年鉴》。

工作规划、管理制度和考核办法等相关制度。同时，把加强农村公路养护摆在更加重要的位置，按照"以县为主、分级负责、行业指导、保障畅通"的原则，强化养护质量控制，探索建立健全养护效果评价机制，保障路况整体服务水平，真正实现"有路必养"和"养必达标"。四是多措并举筹集资金。为筹集公路建设资金，康保县始终坚持自力更生，在河北省资金支持的基础上，通过土地整治、整合涉农资金和风电企业捐助等多种措施，自筹资金，用于农村公路建设。

3. 取得成效

一是基层党建和县域综合治理能力显著提升。依托智慧党建平台，康保县开创了"互联网＋党建"的全新党建模式，充分覆盖党建的各项重点工作。自"智慧党建"系统上线以来，截至2023年4月，康保县全县15个乡镇、5个社区的624个党组织全部"建在线上"、15 385名党员全部"连在网上"，县、乡、村各级党组织党建信息全面实现互联互通，有力推动了农村基层党建减负提质增效；累计发布各类资讯信息9 000篇；累计公开党务、村务、财务信息7 000余条，有效保障了党员、群众的知情权、参与权和监督权，提升了农村治理效率。同时，通过打造工作动态、"三务"公开、怡安社区和在线评价等功能，康保县智慧党建平台切实做到为民服务具体化，让党员群众真正用得方便、得到实惠。以工作动态为例，"百姓说事、干部解题"栏目以台账的方式呈现所有待解决事件和事件解决进度，做到切实关心群众生活和解决群众困难，真正地把为人民服务落在了实处。

二是经济发展水平进一步提升。农村路网的建设，编织完善的交通网络，有效解决了乡村道路衔接畅通、区域互联互通、产业布局转变等问题，使县域辐射集聚能力进一步增强和经济发展水平不断提升。2018—2021年间，全县生产总值由50.47亿元增长到65亿元，增长率28.79%；农林牧渔业总产值由34.34亿元增长到49亿元，增长率42.69%；农村居民人均可支配收入由9 984元增长到13 985元，增长率40.07%。同时，依托区位、交通、资源等比较优势和产业基础，康保县逐步确立了新能源、绿色农牧业和体育文化旅游业三大主导产业，打造了布局结构优、延伸配套性好、支撑带动力强的特色产业集群。如康保县先后引进三峡、华能等20家风光电企业及其上下游企业入驻；形成了皇世燕麦、绿坝粮油、品冠荞麦、凯阔亚麻籽油和康朝骅有机蔬菜等品牌；主动融入京张体育文化旅游带战略；制定现代马产业发展规划。

三是脱贫攻坚成果更加稳固。依托数字乡村建设的赋能效应，康保县巩固拓展脱贫攻坚成果取得明显成效。持续巩固"两不愁三保障"成果，教育、医疗、住房和饮水等各项政策全面落实，截至2021年底，共计整合涉农资金4.88亿元，实施乡村振兴衔接项目37个，且顺利通过省级巩固脱贫攻坚成果后评估验收。守牢防止返贫致贫底线，出台《健全防止返贫动态监测和帮扶长效机制实施意见》，探索建立"1131"防返贫动态监测帮扶机制，1 381户2 776名重点监测对象，全部落实防止返贫帮扶措施，未发生一例致贫返贫现象。管理服务模式不断创新，成立怡安社区党工委和管委会，健全社区党支部、居委会等"六位一体"治理体系，易地扶贫搬迁安置区就业服务中心荣获"河北省脱贫攻坚先进集体"称号。

（四）应用场景 4——信息服务在线化

数字乡村建设不仅有助于实现农业生产智能化、农村流通便捷化、乡村治理数字化，还有助于实现农民生活的智慧化。数字为农村生活赋能，网络在乡村应用的场景不断扩大，主要体现在购物、交通、经营、上网等农业农村生活的各个方面。随着互联网在农村的不断普及和应用，村民通过电脑、手机上网获取相关信息已逐渐成为生活常态。一方面，政府通过建立政务信息服务平台，推进更多的涉农信息服务事项实现网上办理，办事的效率得到了极大的优化和提升；另一方面，一些信息科技企业根据市场需求，开发了各类应用程序，为农村居民提供了智慧交通、智慧医疗、智慧教育、文化娱乐等智慧化社会服务，极大地满足了村民对美好生活的需求。

案例 8-7

崇礼区：打造智慧城市

1. 背景介绍

崇礼区位于河北省西北部，总面积 2 334 平方千米，总人口 13.1 万人，辖 2 镇 8 乡 211 个行政村 406 个自然村，是 2022 年北京冬奥会、冬残奥会雪上项目的重要举办地之一。崇礼区滑雪资源富集，目前已建成万龙、云顶、太舞、富龙、银河、多乐美地、长城岭、拾雪川 8 家滑雪场，成为国内最大的高端雪场集聚区并入选国家级旅游度假区。依托丰富的冰雪资源，崇礼区大力发展旅游经济，于 2019 年实现脱贫摘帽，农村经济实现快速发展，农民收入不断提升。2015—2022 年，农村居民人均可支配收入由 7 695 元上升到 16 162 元，增长率为 110.03%。为打造区域发展新高地，进一步提升农村经济发展质量，近年来，崇礼区依托数字技术不断打造智慧城市。

2. 主要做法

（1）扎实推进"万企兴万村"行动

崇礼区把"万企兴万村"作为巩固拓展脱贫攻坚成果同乡村振兴有效衔接的重要抓手，积极引导民营企业投身于乡村振兴的主战场，并为民营企业参与乡村振兴提供实践平台。

一是聚焦"两不愁三保障"，助力村民改善生产生活条件。如河北崇礼紫金矿业有限责任公司为四台嘴乡西平村投资 95 万元实施饮水工程；张家口冶金环保设备工程有限公司为高家营镇大沟村捐赠彩钢板、硬化乡村道路 1.5 公里；张家口崇礼区中达房地产开发有限公司为西湾子镇建立蔬菜交易场所一处，解决了该村长期露天销售蔬菜的困难；张家口远大农业科技开发有限公司为石嘴子乡五十家村硬化乡村道路 5 公里等等，农村基础设施和人居环境大幅提升。

二是积极搭建贫困劳动力"本地就业"平台，实现增收致富。如富龙控股集团有限公司以"冬奥冰雪＋文化旅游"推动乡村振兴为目标，在白旗乡上窝铺村打造雪乡逸谷乡村振兴现代农业产业园项目，通过"企业＋合作社＋农户"的股份合作模式安置农民就近就业；张家口崇礼区万家乐蔬菜有限公司以"公司＋农民专业合作社＋基地＋农户＋市场"的经营模式带动全区5 000 多位农户进行绿色蔬菜生产，公司流转当地农民耕地 500 多亩，建成 350 亩大棚彩椒种植基地，年彩椒产销量 2 200 吨左右，2022 年实现产值 1 162.5 万元。通过入股分红、吸纳务工和无偿捐款救助，帮助全区 7 个乡镇 66 个脱贫村 1 200 余人稳定增收。此外，企业积极开展中西式面点、家政服务和农业种植技术等技能培训，增强劳动力素质，提高技能水平。

三是着力培育壮大特色产业，加强农村文旅产业融合。石嘴子乡抢抓机遇，招引张家口粒子农业有限责任公司、张家口盛创农业种植有限公司和张家口果盛鑫农农业专业合作社等，开展产业兴村项目，项目涵盖了农业科技、彩椒种植和旅游民宿等领域，总投资近亿元。同时，白旗乡以"民宿十"为抓手，将民宿与乡村当地特色文化结合起来，建成"远思"小镇，使"民宿十"成为企业兴村的活力产业。

（2）完善医疗体系建设

崇礼区以北京大学第三医院（以下简称"北医三院"）崇礼院区建设国家区域医疗中心为契机，借助河北省"人才强冀"项目，不断完善医疗体系建设，为提升后冬奥时代赛事服务保障能力和区域医疗服务水平提供有力的人才支撑。

一是突出医疗人才短缺实际需求，制定标准引人才。近年来，崇礼区创新"总院带教十公开选招""选聘十选调"双引模式，实施高层次人才引进、定向招聘医学类本科生等系列引才战略，连续 5 年累计招聘事业编制医护人员 88 名，本科以上学历人才占比提升至 39%；全职引进北京大学麻醉学博士 1 名、紧缺高层次医疗人才 2 名。

二是开展"组团式"帮扶带教，科学安排育人才。崇礼区借助北医三院总院资源共享优势，建立长期培养、中期提升和短期培训计划，强化对口帮扶带教人才交流协作。截至2023年9月，累计邀请北医三院中级及以上职称人员322人到崇礼开展专业指导，帮助开展新技术攻关近120项，培训医护人员4 000余人次；承担国家级科研课题1项、省级科研项目2项、市级科研项目2项。

三是搭建干事创业平台，合理调配人才。崇礼区充分发挥专技人才示范引领作用，借助"国家区域医疗中心运动创伤人才体系建设"河北省"人才强冀"项目，建设以运动康复为特色、理疗康复为手段、神经康复全覆盖的业务体系，组建卒中中心、胸痛中心、微创医疗中心等重点专科，形成"院有专科、科有专病、人有专长"的发展格局，在服务京津冀协同发展、探索医养结合发展等方面取得了丰硕成果。

（3）逐步推进智慧应用建设

目前崇礼智慧交通、智慧旅游、智慧安防、智慧防火等应用建设正在有力推进中。其中，崇礼智慧交通旨在将崇礼交通各个层面的状态数字化，在一块屏幕上实时观察崇礼交通状态，辅助相关部门作出正确的交通管理决策、发布准确的交通信息。崇礼智慧交通项目包含智慧交通综合管控中心、智慧交通数据汇聚平台、停车诱导系统、崇礼停车信息服务系统和智慧公交系统等多个应用系统，具备汇总和分析崇礼交通领域所有数据的功能（王伟宏，2021）。此外，平台还将陆续接入崇礼各停车场的余位数据，并通过道路旁的交通信息屏幕、手机地图等，实时发布道路拥堵状况、停车场余位等信息，引导司机出行、停车，大大便利居民和游客驾车出行、精确寻找停车位。此外，智慧旅游全面提升崇礼旅游管理服务运行水平和游客体验。依托智慧旅游平台，该地开发了统一数据中心和可视化展示、综合监管、冬奥会住宿保障、数字旅游区、智慧服务、文化展示等8个应用系统，与张家口市、河北省云平台进行数字对接，实现文旅数据一站式打通、文旅服务质量一屏监管及业务一站式聚合，为管理部门和游客提供人流预警、多级联动、分析报告、可视化展示等服务。崇礼智慧安防包含雪亮工程及智慧安防小区建设和天网工程建设。此外，"智慧政务""智慧医疗"等应用也在不断地完善中。

3. 取得成效

一是城市面貌焕然一新。近年来，崇礼以打造"精致城市、品质崇礼"为目标，大力实施市政基础设施建设，着力解决"民生所盼"，全面补齐发展短板，城市品位不断提升、城市功能不断完善、城市环境日益优化。2021年，改造提升老旧小区31个，新建改造市政道路14条、桥梁3座，新增公共停车场15座，路面铣刨、外立面改造、广告牌匾整治、智慧灯杆安装、城市家具设置等工程全部完成，庆典广场和华侨冰雪博物馆对外开放，裕兴路被评为河北省精品街道，"国际范"的冬奥小城展现出靓丽颜值。十大不文明行为专项治理、迎冬奥·城乡文明和环境提升行动取得显著效果，市民素质不断提升，在省级文明城市创建复检中名列前茅。

二是经济发展不断向好。崇礼GDP由2018年的34.3亿元稳步增长到2022年的38亿元。一方面，乡村振兴成效显著。扎实推动巩固拓展脱贫攻坚成果同乡村振兴有效衔接，未发生返贫、致贫现象。大力开展拆违建、清垃圾、拆除整修破烂危旧房屋集中行动，全域农村人居环境在短时间内实现了大幅度提升。同时，始终把产业培育作为乡村振兴的根本举措，截至2022年初，打造优质农产品示范园14个，"崇礼彩椒"成功获得国家地理标志农产品认证。另一方面，产业结构优化升级。该地始终把项目作为产业发展的基础和支撑，出台了支持主导产业发展、优化营商环境的系列政策，冰雪旅游热度持续上升，"雪国崇礼·户外天堂"品牌享誉全国、走向世界。万龙、太舞成为国家体育旅游示范基地、河北省首批智慧景区示范点；夏季户外运动行业稳步发展，顺利完成2024世界田联越野锦标赛申办陈述；中央和省、市各类媒体聚焦崇礼，刊载、刊播各类稿件质量和数量均创历史新高。

三是生态质量持续优化。以"首都两区"建设为抓手，统筹生态建设和保护，崇礼区被评为国家生态文明建设示范区、河北省森林城市。2021年，高标准完成营造林21.6万亩，森林覆盖率提高至71.53%，森林质量同步提升；强化水环境综合治理，117个村的生活污水实现无害化处理，12个基层卫生院医疗废水处理终端建成投用，地表水断面水质保持在Ⅲ类以上；深化大气污染防治，主城区集中供热，"煤改电""煤改气"项目投入使用，农村"双代"全覆盖，2023年10月，崇礼区空气质量综合指数在河北省排第一。

四、张家口数字乡村建设存在的主要问题

根据以上内容，课题组总结分析现阶段张家口数字乡村建设主

要存在以下问题：

（一）政策执行碎片化，监管落实不到位

数字乡村建设的系统性和整体性决定了相关政策实施落实的协同性和连贯性。当前数字乡村建设相关政策在实施过程中存在以下问题：一是政策落实过于被动。《张家口市数字乡村发展行动计划实施方案》共涉及 38 家市直部门，每项具体工作都需要各县区有关部门和乡镇去落实推动。当前市级网信、农业农村、发展改革、乡村振兴、工信等部门在联合推动，但统筹力度还不够，各部门存在各自为战的现象。二是政策重视程度不足。除万全区、张北县 2 个省级数字乡村建设试点地区成立了由县（区）委、县（区）政府主要领导双牵头的领导小组，出台了本县（区）数字乡村建设规划以外，其他县（区）还未成立专门的领导机构，多数县（区）还未将数字乡村建设提升到县委、县政府工作层面。三是政策落实监管不够。数字乡村建设涉及基础设施、农业产业、网络帮扶、普惠金融、乡村治理等多个方面，各项政策已经开始逐步深入落实并取得了一定成效，但并未建立系统的政策监管和评价体系。

（二）财政投入力度不足，区域发展不平衡

上级政府向县区财政投入有待优化加强。一是在数字乡村硬件基础设施应用投入上存在不足。我市乡村数字化基础设施建设取得了很大进展，但面对日益扩大的大数据产业规模，乡村数字化基础设施仍显薄弱。坝上地区乡村数字化基础设施薄弱、网络传输能力不强、电力配套建设不完善，坝下地区受到光纤通讯网络、供电设备等要素供给紧张的制约。目前全市共完成 286 个农业物联网示范点和 8 个县级运营中心的建设，这与大数据产业的数量标准相比仍显不足，无法满足乡村数字化建设所需的设备基础规模。网络运营

商缺少面向数字农业农村领域的资费优惠，现有"益农信息社"和"电商服务站"的服务作用需继续优化。缺少数字化共享共建仓储配送中心，农村物流快递公共取送点较少，尤其是缺少基于网络平台调度的农产品冷链物流，这影响了农产品进城和电商企业产品销售。二是数字化、集约化、智慧化平台等软基础改造投入不足。当前张家口农业农村大数据平台、智慧党建管理服务平台、一体化政务服务平台、智慧旅游、教育云、全民健康信息平台、社会救助综合信息管理平台等均已建成并发挥了良好作用，但是在乡村基础设施数字化改造、农业生产数字化改造、基层数字化治理等方面的信息平台建设还需完善。未来需要进一步加大对各类平台服务向县、乡、村进一步延伸的投入。三是全市设施农业数字技术应用率较低。2021年张家口市设施蔬菜种植面积10万亩，全年产量40万吨，分别仅占全市蔬菜种植面积的7.9%，占全市蔬菜总产量的6.4%。截至2021年，高标准农田仅占全市耕地的11.4%。四是农产品加工销售数字化改造不足。2022年张家口市乡村消费品零售额为71.4亿元，位列河北省各地级市末尾。与相邻的内蒙古自治区、山西省相比，张家口市农村电商营销手段应用不足。五是缺少综合性服务农业生产、农产品购销一体化数字平台。现有"三农"类数据平台缺乏整合，零散化、重复化、低效化现象较为突出，各部门存在数据壁垒。数字乡村类App的设计与农业、农民的实际需求不相适应，供求信息不畅。六是乡村数字化治理成本高。在乡村治理的数字化过程中，数字基础设施建设、数据收集及政务系统开发和维护等，均需要政府投入较大的财力物力。很多农村地区的乡村数字治理仅依靠政府财政支持，内生动力不足，很难支撑起数字治理建设的费用。

各县区农业农村支出不均衡。一方面，各县区（不包含怀来县、张北县）在农业农村上的支出总量和占比不均衡。由表8-4可知，各县在农业农村的财政支出总体要高于区，其中，康保县、尚义县、蔚县、沽源县支出较高，桥西区、桥东区、下花园区和崇礼区支出较低。从农业农村支出占比来看，万全区占比最高，远高于其他县域，其次依次是尚义县、康保县、阳原县、沽源县，占比最低的有桥西区、桥东区、宣化区、崇礼区。另一方面，各县区在农业农村投入侧重点不同。总体来说，农业生产发展和农田建设两项占农业农村支出比例较大。在农业生产发展方面，宣化区、蔚县、康保县、怀安县占比相对较高；在农田建设方面，涿鹿县、阳原县、崇礼区、赤城县、沽源县占比较高。各县区的数字乡村信息化建设投入普遍不足，尤其是在科技转化与推广服务方面投入尤为不足；除怀安县（115万元）、涿鹿县（46万元）、万全区（14万元）、崇礼区（12万元）外，其余县域（不含怀来县、张北县）投入均为零。总体来说，万全区、阳原县、蔚县、沽源县和康保县在农业农村方面投入较高，且侧重于农业生产和农田建设。

表8-4 2021年度张家口市各县域农业农村财政支出情况表

县域名称	农业农村（万元）	农业生产发展（万元）	科技转化与推广服务（万元）	农田建设（万元）	农村社会事（万元）	农村道路建设（万元）	农业农村支出占全年支出比例（%）
桥东区	978	127	0	0	35	0	1.01
桥西区	465	47	0	0	0	0	0.45
宣化区	11 129	7 980	—	—	—	—	2.09
下花园区	2 363	350	0	0	1 250	0	3.02
万全区	8 413	2 976	14	233	401	0	39.64
崇礼区	5 890	1 741	12	894	136	0	2.73

（续）

县域名称	农业农村（万元）	农业生产发展（万元）	科技转化与推广服务（万元）	农田建设（万元）	农村社会事（万元）	农村道路建设（万元）	农业农村支出占全年支出比例（％）
康保县	21 546	13 129	0	910	125	0	6.78
沽源县	15 337	3 398	0	1 628	5 227	0	5.87
尚义县	20 281	7 168	0	800	601	0	8.03
蔚县	16 828	11 623	0	1 077	0	923	5.62
阳原县	15 237	6 198	0	3 083	1 302	623	6.47
怀安县	9 024	4 550	115	403	150	168	5.33
涿鹿县	14 682	3 597	46	3 641	4 267	166	4.85
赤城县	11 268	5 298	0	1 329	844	0	3.81

数据来源：根据各县区 2021 年的决算报告整理。

（三）数字乡村建设供需结构性失衡，区域发展不充分

在数字乡村建设过程中，资源禀赋更好的村庄和农户往往会获得更多的政策服务供给，资源禀赋较差的村庄和农户的许多数字乡村建设需求得不到充分的满足。

财政投入不足与失衡导致县域数字乡村发展不平衡不充分。一是农业产业化发展区域间差异明显。从农业产业化率来看，2018年至2021年，产业化率水平排名靠前的县区主要有察北管理区、塞北管理区和桥西区，而排名一直较为靠后的县区为经开区、赤城县、尚义县、蔚县和阳原县；产业化水平提升幅度较大的县区为怀安县、崇礼区和宣化区，下降幅度较大的县区为经开区、怀来县和康保县。从农业产业化经营总量来看，2018年至2021年，张北县、康保县和察北管理区经营总量一直位于全市前列，经开区、桥西区和下花园区则排序靠后；农业产业化经营总量涨幅靠前的为尚义县、桥西区和崇礼区，排序靠后的为经开区、怀来县、康保县和

万全区（表8－5）。二是数字基础设施水平不均衡。按照最新划分的农牧业空间格局，坝下西南部高效特色农业区数字基础设施水平最高，坝下东南部都市精品农业区次之，坝上绿色生态牧区最低。三是现有智慧农业项目示范带动性不强。万全区、张北县被列为省级数字乡村建设试点县，怀来县、万全区、尚义县、赤城县、蔚县先后被列为省级"互联网＋"农产品出村进城和智慧农业示范建设项目试点县，但由于项目资金投入少，其示范带动作用不显著，数字技术的普及应用和催化作用不足。四是县域数字新业态发展不能满足市场需求。当前农文旅融合度较低，并未突出地方特色，并未较好地利用现代网络进行宣传营销。以蔚县剪纸和万全区康宁湖生态园为例，虽各具地方特色但旅游产品单一且宣传不到位，使得其难以打出名气、吸引游客。五是乡村数字化治理资源整合与共享不足。在乡村数字化治理的过程中，治理数字化的内容、技术应用及数据共享等方面的建设没有明确标准，导致各地乡村治理数字化的程度参差不齐，数据采集工具与手段落后。

表8－5　2018—2021年张家口市各县域农业生产化率和经营总量

区域	农业产业化率（%）				农业产业化经营总量（万元）			
	2018年	2019年	2020年	2021年	2018年	2019年	2020年	2021年
桥西区	55.08	73.5	76.7	80.6	5 675	11 114	12 975	13 598
宣化区	29.4	45.8	48.1	48.7	88 305	125 267	154 417	139 943
下花园区	37.35	30.8	29.4	31.1	15 250	14 691	16 050	16 565
万全区	48.25	46.5	37.8	38.1	155 109	139 609	118 823	124 077
崇礼区	30.56	44.4	65.2	64.8	37 348	49 525	80 052	89 072
张北县	63.61	36.2	38.6	51.1	524 073	353 597	352 131	483 954
康保县	64.39	62	64.2	49.1	299 575	333 394	373 743	304 739

（续）

区域	农业产业化率（%）				农业产业化经营总量（万元）			
	2018 年	2019 年	2020 年	2021 年	2018 年	2019 年	2020 年	2021 年
沽源县	48.12	51.6	47.3	46.9	232 229	276 018	281 999	295 109
尚义县	12.68	32	24.2	17.9	35 292	105 544	121 564	91 492
蔚县	31.23	28.4	20	30.8	95 216	84 288	61 638	94 794
阳原县	28.46	27.2	28.9	30	63 706	66 549	71 616	75 410
怀安县	33.05	34.5	75.7	72.4	64 407	81 136	171 357	152 583
怀来县	63.32	42.3	35.2	33.4	367 289	180 653	160 488	185 738
涿鹿县	51.16	54.9	74	66.1	177 660	140 239	204 402	193 982
赤城县	8.6	10.7	15.5	11.1	36 335	50 804	88 232	53 346
经开区	2.53	1.5	0.6	0.7	3 141	1 968	695	554
察北管理区	65.14	73.6	69.8	78.3	243 141	357 576	373 221	402 382
塞北管理区	61.62	63.7	58.9	80.8	187 403	191 630	219 262	277 882

数据来源：《张家口经济年鉴》。

（四）运营管理技术人员支撑不足，培训机制不完善

专业的信息技术人才是推进乡村治理数字化的重要保障。当前，全市乡村地区的专业技术人才队伍还不能满足数字乡村建设发展的需要。一是乡村人口不足，且缺乏有效劳动力。2016 年至 2021 年，张家口乡村人口由 302.47 万下降到 267.21 万，下降幅度为 11.66%。其中，乡村从业人员由 153.81 万人下降到 132.41 万人，下降幅度为 13.91%，乡村从业人员占乡村人口的比例也由 50.85%降为 49.55%，低于全省平均水平。同时，农村地区"空巢化、高龄化"问题严重。青年学生、外出务工人员回乡从业热情不高。二是乡村基层管理人员应用数字技术的能力不足。《2021 全国县域农业农村信息化发展水平评价报告》显示，2020 年张家口各区县乡村治理数字化指数和治理手段指数为 44.69，远低于河北

省平均水平 57.45。乡村基层管理人员数据意识淡薄，数字思维缺乏，导致各地政务系统利用率较低。三是缺乏专业技术人才。近年来，张家口不断加大农业生产、网络系统技术应用等内容的培训力度，但是农村从业人员的信息意识和应用水平依旧普遍偏低，多数停留在浏览新闻及网购层面，真正将数字技术运用于农业生产的农户较少。

（五）农民数字化、信息化观念淡薄，数字乡村建设模式固化

农民对信息化、数字化生产积极的态度与热情可以有效推进数字乡村建设。当前张家口乡村中大部分农业生产岗位的民众并未深刻理解数字乡村建设可能带来的诸多效益，数字化、信息化意识水平都明显较低。一是农民参与数字乡村建设具有不同程度盲目性。在乡村数字化生产的推进过程中，仍有部分农民依然延续传统的生产方式，或者只是盲目被动地按照乡村基层组织下达的政策生产，再或者一味模仿其他地区的发展经验，对于怎样根据当地实际情况因地制宜进行农业数字化生产、改进生产过程与内容等没有进行深入思考。数字乡村建设虽取得一定成效，并未出现百花齐放的各具特色数字乡村建设局面。二是乡村数字治理体系构建过程中农民参与不足。常住农民平均年龄偏大、学历层次偏低，对现代科技的接受能力较弱，并且其主观意识薄弱，主动性不高。

五、张家口数字乡村建设发展建议

（一）强化政策系统落实，规范数字乡村建设标准

数字乡村建设要遵循现有行业和地方标准，既要有统一方案，又要借鉴不同地区的发展经验。一是要完善政策文件落实机制，强化责任分工。总结推广万全区、张北县两个省级数字乡村建设试点

地区发展经验。其他县区加强学习，将数字乡村建设提升到党委、政府工作层面，出台相关的指导意见和建设规划，提高部门之间的融合协同度，明确网络基础设施、技术保障、农业设施数字化改造、数字治理、农产品网络经营、数字人才培育等具体指标，按照路线图、时间表、责任人建立定期汇报督导制度。二是要强化政策指导监督。依据国家、河北省相关文件要求和《张家口数字乡村发展行动计划实施方案》，建立数字乡村建设重点工作台账，实施台账式管理、清单式推进，加强指导引导，定期督导调度。将数字乡村建设发展情况纳入各级农业农村建设、乡村振兴工作和信息化工作考核评价指标体系，定期"通报晾晒"，发挥考核指挥棒作用。

（二）加大政策资金投入力度，拓宽数字乡村建设资金投入渠道

资金短缺是张家口各县区数字乡村建设投入不足、发展不均衡的客观原因。一是适当加大财政投入力度。深入开展 5G 基站建设工作，推进互联网技术的覆盖范围。除万全区、张北县等数字乡村试点外，对于海拔高、偏僻、交通不便但农产品品种多的沽源县、赤城县、蔚县等山区可以有序推进连片建设，实现信号全覆盖。加大农村冷链物流建设。支持现有冷链物流龙头企业数字化转型，探索发展共享式"田头小站"等移动冷库，提高产地源头冷链物流设施综合利用效率；支持冷链物流龙头企业，积极参与构建"环京津1 小时鲜活农产品物流圈"，助力推进张家口市"服务北京，发展自己"。在重点客源市场的火车站、地铁、商圈等开展宣传营销；发挥省外、境外旅游推广中心作用，加强营销推广。二是确定财政投入发力点。在坝下地区，增加桥东区、桥西区、下花园区的农业生产支出，尤其强化科技转化与推广服务、农田建设的投入力度，力争快速推进大数据技术应用和高标准农田的建设。在坝上地区，加大塞北管理区对 6 万亩秋草以及绿色生态牧区的数字基础设施投入力度，加强对崇礼滑雪、康保康巴诺尔湿地、张北草原天路、沽源花卉等旅游资源的宣传规划。三是进一步提高社会资本投入。依托毗邻京津的区位优势和自身资源环境禀赋，打破区域限制，搭建"中国数坝"张家口大数据产业对接会等平台以吸引企业投资。充分利用张家口市农业信息中心牵头创建的京津冀数字农业产业技术创新战略联盟，探索构建以京津冀数字农业产业技术创新需求为纽带的产学研用合作机制与利益共享机制，在京津地区的技术和资金支持下促进张家口市数字农业发展。四是整合数据资源，提高资金利用效率。落实国家数字乡村战略部署，建立市级农业农村大数据平台，对接国家和河北省基础数据资源体系，利用大数据技术，梳理现有系统，整合现有智慧农业、县域数字经济和乡村治理等农业农村数据资源，打破不同数据底层隔离，逐步实现数据精准采集、预警、分析、决策辅助和共用共享。

（三）强化示范建设供给，平衡区域协调充分发展

张家口幅员辽阔，各地区自然资源禀赋差别大，统筹区域发展从来都是一个重大问题。一是有效发挥试点地区数字乡村建设的辐射带动作用。扎实推进万全区、张北县这 2 个河北省数字乡村试点建设工作，积极探索数字乡村建设模式路径，确保省级数字乡村试点建设取得实质进展。进一步总结张北县、怀来县、宣化区等数字乡村建设发展较快区域的先进经验，搭建区域间数字乡村建设成果经验交流平台。同时，构建县、乡、村三元联合体，发挥协同效益、增强不同区域数字乡村建设发展的平衡性和协调性。二是充分发挥企业牵头带动作用。坚持把培强壮大农业科技龙头企业作为做壮做优做强特色农牧业全产业链的重要牵引力来抓。通过"龙头企

业＋合作社＋农户""产业园＋网络＋公司＋农户""直播＋特色农产品＋生产基地＋电商企业""电商＋党支部领办合作社＋农户"等模式，辐射带动农民从事养殖、种植、精深加工等，提高农产品流通全链条组织化程度，有效提升当地农产品的流转率。鼓励国有企业、电商企业采取"企业＋农村＋农户"的发展模式，大力发展以万全区李杏庄村现代化树莓种植为代表的新型智慧农业，打造特色电商和农副产品品牌，带动农民增收致富。三是总结本地区成功案例建设经验。坝上沽源县结合自身自然人文禀赋特点大力宣传发展金莲花旅游文化节、库伦淖尔开湖节等乡村旅游活动，充分利用数字经济优化乡村旅游资源配置，打造产业经济链，丰富产品和服务种类。总结沽源县等成功案例经验，通过实地考察和线上交流，为坝上其他地区提供经验借鉴。四是学习借鉴其他地区成熟发展经验。张家口现有的数字乡村建设水平与乡村治理的融合度并不高，可以适当应用腾讯"为村"等全国性乡村治理平台，实现乡村政务、财务在平台上公开。借鉴贵州黎平县铜关村成功经验，组织指导村庄开通属于自己的微信公众号，并引导留守村民和外出打工村民实名加入，并通过该平台交流工作生活、商讨村庄事务。其次，对接民政、社保、防疫等政务系统，提升乡村平台的服务能力，进一步优化办事效率，简化办事流程。

（四）加快数字乡村队伍建设，强化人才支撑

高质量的数字乡村队伍是保证数字乡村建设有序健康快速发展的核心。一是充分发挥高校、科研院所作用。与高校、职业学校、科研机构深度合作，为数字乡村建设提供技术和人才保障。建立数字农业领域的人才培养和实训基地，培养既懂理论又懂实践的复合型人才。推动高校数字人才到县区乡镇挂职或派出数字技术指导员

到乡镇支持工作，利用自身专业知识优势为欠发达地区智慧农业发展提供技术支持、为文旅发展提供规划设计支持、为乡村数字提供治理思路支持以及向农户进行数字乡村建设的宣传。二是优化营商环境，大力引进懂技术、懂生产、懂营销的复合型人才投身数字乡村建设。采取奖金、生活和教育等方面的政策优惠吸引人才，借助网络平台，实现技术的"远程指导"和产品的"异地营销"，摆脱人才不足的困境。通过发展非农产业、文化感召等多种方式，促进外出务工人员、青年学生"回流"，并利用其丰富的经验、知识储备以及开阔的眼界进一步挖掘乡村人文自然资源的发展潜力，深入融合田园风光、风貌、风物、风俗、风情和风味"六风"，打造乡村旅游特色卖点（卖环境、卖生活、卖品牌），丰富乡村旅游"五味"（土味、野味、俗味、古味和洋味）产品。以市场需求为导向，坝上地区主要以自然景观为特色，坝下地区主要以人文景观为发展重点，走差异化竞争道路。三是充分发挥数字技术，提升高素质农业生产主体从事智慧农业生产的能力。发挥张垣农业网络大讲堂信息服务平台和大讲堂农业专家团队的作用，面向高素质农业劳动者，通过课堂和现场教学以及线上线下学习相结合的方式，提供专业生产型和技能服务型人员培训、新型农业经营主体带头人和产业发展带头人培训、农业政策法规培训等。四是采取针对性与实效性培训，提高干部"数字素养"。数字乡村专班统筹培训资源，全面统计摸底、优化市县数字培训课程资源，分层次分范围准确地对市县乡行政人员进行数字乡村治理业务和素质培训。依托万全区、张北县，开展社区服务数字化建设试点，确定一批现代社区服务和智慧社区建设试点单位。总结干部"数字素养"培训以及数字乡村治理经验，加以宣传并鼓励各地组织开展数字化治理实践。

（五）加强宣传引导，因地制宜推进特色数字乡村建设

农村居民是数字乡村建设最坚实的主体，深刻影响着数字乡村建设的顺利开展，发挥多方资源力量全面提升农村居民对数字乡村建设的理解认知。一是充分利用信息服务基础设施。通过村级政务服务代办站（点）、农村电商服务站、益农信息社、村级供销合作社等，加强农村居民数字乡村建设相关知识信息的宣传力度。二是发挥现有信息平台作用。通过融媒体、党建信息平台、"两微一端"、直播平台等渠道，宣传数字乡村建设政策措施和进展成效，讲好乡村振兴故事，为全面实施乡村振兴战略凝聚共识、汇聚力量。积极开展数字乡村建设交流活动，及时总结推广典型经验，营造全社会关注、参与数字乡村建设的浓厚氛围。三是对农村居民进行数字素养培训。充分利用社会资源和社会组织，开设互联网和数字信息科技基础课程，为农村居民提供学习机会。利用电视、广播、数字大屏、宣传栏等渠道，发布培训课程。

参　考　文　献

陈丹，张越，2019. 乡村振兴战略下城乡融合的逻辑、关键与路径 [J]. 宏观经济管理
（1）：57 - 64.

陈访贤，2018. 中国欠发达地区"五化同步"发展研究 [D]. 长春：吉林大学.

陈红，2021. 乡村振兴背景下数字乡村建设探析 [J]. 农村经济与科技，32（2）：250 -
251.

陈华帅，马伟，2024. 数字乡村发展与农村老年人健康水平 [J]. 华南农业大学学报（社
会科学版），23（4）：48 - 62.

陈旎，李志，2023. 数字乡村建设与现代农业融合发展困境及其破解之道 [J]. 改革
（1）：109 - 117.

陈潭，王鹏，2020. 信息鸿沟与数字乡村建设的实践症候 [J]. 电子政务（12）：2 - 12.

陈万钦，2020. 数字经济理论和政策体系研究 [J]. 经济与管理，34（6）：6 - 13.

陈晓红，李杨扬，宋丽洁，等，2022. 数字经济理论体系与研究展望 [J]. 管理世界，38
（2）：208 - 224，13 - 16.

陈新，2021. 注意力竞争与技术执行：数字化形式主义的反思及其超越 [J]. 社会科学战
线（8）：229 - 234.

陈雪梅，周斌，2023. 数字经济推进乡村振兴的内在机理与实现路径 [J]. 理论探讨
（5）：85 - 90.

丁建军，万航，2023. 中国数字乡村发展的空间特征及其农户增收效应：基于县域数字
乡村指数与 CHFS 的实证分析 [J]. 自然资源学报，38（8）：2041 - 2058.

丁京，2023. 迈向整体智治：中国式现代化背景下的数字乡村建设 [J]. 西华大学学报
（哲学社会科学版），42（3）：40 - 49.

丁淑玲，李丽，2023. 智慧农业的发展现状与未来展望 [J]. 农业灾害研究，13（5）：

109 - 111.

董晓波，2023. 新型数字基础设施驱动农业农村高质量发展的创新路径［J］. 学习与实践（1）：33 - 42.

杜建国，陈豪，甘天琦，等，2023. 农业经济增长的数字力量：基于数字乡村建设的视角［J］. 经济问题（10）：103 - 110.

冯朝睿，徐宏宇，2021. 当前数字乡村建设的实践困境与突破路径［J］. 云南师范大学学报（哲学社会科学版），53（5）：93 - 102.

冯阳，2023. 河北加快推进县域商业体系建设［N］. 中国食品报，02 - 10（7）.

高峰，王剑，2021. 数字乡村建设的国际经验及启示［J］. 江苏农业科学，49（23）：1 - 8.

高克玮，乔光华，2024. 农户电商参与行为的收入效应研究：兼论不同电商模式的增收差异［J］. 商业经济研究（6）：104 - 108.

郭建杭，2022. "舌尖上的张家口"：地方特产背后的农业产业链升级［N］. 中国经营报，05 - 30（6）.

郭龙飞. 河南省数字乡村发展水平评价与服务平台研发［D］. 长春：河南农业大学，2023.

郭培莹，曲径，苗冬霜. 集约化数字乡村基础平台建设研究［J］. 建设科技，2022（15）：35 - 38.

何仁伟. 城乡融合与乡村振兴：理论探讨、机理阐释与实现路径［J］. 地理研究，2018，37（11）：2127 - 2140.

何星辉，张强，李诏宇，等，2023. "数字乡村"照亮多彩贵州新未来［N］. 科技日报，10 - 30（2）.

洪名勇，汤园园，2024. 数字乡村建设对壮大农村集体经济的作用效应［J］. 世界农业（7）：71 - 84.

蒋怡闻，2022. 欠发达地区乡村数字治理问题探究：以Z市X镇为例［D］. 南充：西华师范大学.

孔令章，李金叶，2023. 数字经济发展对区域生态效率的影响研究［J］. 统计与决策，39（20）：23 - 28.

李波，陈豪，2023. 数字乡村建设缩小收入差距的机制与实现路径［J］. 中南民族大学学报（人文社会科学版），43（5）：137－145，187.

李伟嘉，苏昕，2023. 数字乡村背景下智慧农业的场景、效应与路径［J］. 科学管理研究，41（3）：140－150.

李晓夏，赵秀凤，2023. 数字赋能与乡村人才振兴："数商兴农"背景下新农人培育循环体建设研究［J］. 成人教育，43（9）：36－42.

李旭辉，陈梦伟. 中国乡村数字化转型：测度、区域差异及推进路径［J］. 农业经济问题，2023（11）：89－104.

李燕凌，苏健，2024. 地方政府建设数字乡村的注意力分配差异与政策逻辑：基于435份地方政策文本的量化分析［J］. 中国农村观察（1）：127－145.

李烨，秦琴，张人龙，2023. 中国省域乡村数字经济发展水平测度及其空间关联研究［J］. 价格理论与实践（12）：32－37.

李怡娴，2024. 农村电商助力乡村振兴：内在机理、现实堵点及纾解之策［J］. 农业经济（7）：135－138.

李卓昇，赵丹，马书琴，2023. 乡村人才振兴背景下高素质农民数字素养培育研究［J］. 成人教育，43（12）：39－46.

梁昆，2021. "五大工程"衔接乡村振兴［J］. 民生周刊（3）：38－40.

林育妙，程秋旺，许安心，2023. 数字乡村建设对城乡融合发展的影响研究：基于2012—2020年省份面板数据的实证［J］. 中共福建省委党校（福建行政学院）学报（4）：101－111.

刘传明，马青山，孙淑惠，2023. 中国数字乡村发展的区域差异及动态演进［J］. 区域经济评论（5）：26－35.

刘钒，于子淳，邓明亮，2024. 数字经济发展影响乡村振兴质量的实证研究［J］. 科技进步与对策，41（12）：47－57.

刘佳，毕鑫，2023. 数字经济激活乡村产业发展的体系构建［J］. 农业经济（5）：44－46.

刘海启，2019. 以精准农业驱动农业现代化加速现代农业数字化转型［J］. 中国农业资源与区划，40（1）：1－6，73.

刘庆，2023. 数字乡村发展水平指标体系构建与实证研究：以河南省2014—2021年18个地级市面板数据为例［J］. 西南农业学报，36（4）：885－896.

刘荣庆，崔茂森，2022. 中国数字乡村发展的区域差距和动态演进研究［J］. 江西农业学报，34（11）：225-233.

刘雅静，郝大钊，李旭东，2021. 万全区打造电商扶贫产业体系［N］. 河北日报，05-18（11）.

刘彦华，2023. 中国乡村的数字蝶变［J］. 小康（12）：47-48.

刘渊，2023. 数字乡村建设的原则、问题及路径：以西部欠发达地区为例［J］. 理论视野（2）：68-73.

刘子兰，刘辉，袁礼，2018. 人力资本与家庭消费：基于CFPS数据的实证分析［J］. 山西财经大学学报，40（4）：17-35.

陆九天，陈灿平，2021. 民族地区数字乡村建设：逻辑起点、潜在路径和政策建议［J］. 西南民族大学学报（人文社会科学版），42（5）：154-159.

吕普生，2020. 数字乡村与信息赋能［J］. 中国高校社会科学（2）：69-79，158-159.

吕新业，刘蓓，2023. 民族地区农村数字化的内涵、路径与趋势［J］. 中央民族大学学报（哲学社会科学版），50（5）：46-53.

马改艳，杨秋鸾，王恒波，2023. 数字经济赋能乡村产业振兴的内在机制、现实挑战与突破之道［J］. 当代经济管理，45（8）：33-38.

马丽，张国磊，2020. "互联网＋"乡村治理的耦合、挑战与优化［J］. 电子政务（2）：31-39.

马香品，杨秀花，2024. 数字经济驱动农业产业链建设的动力机制与路径选择［J］. 农业经济（7）：11-13.

梅燕，鹿雨慧，毛丹灵，2021. 典型发达国家数字乡村发展模式总结与比较分析［J］. 经济社会体制比较（3）：58-68.

蒙源谋，彭丽芳，2022. 广西横州茉莉花产业富农兴万家［N］. 中国商报，09-01（6）.

潘泽江，石紫明，2023. 数字乡村建设赋能农村共同富裕：电子商务进农村综合示范县的创建效应［J］. 中南民族大学学报（人文社会科学版），43（9）：127-136，186-187.

齐文浩，李佳俊，曹建民，等，2021. 农村产业融合提高农户收入的机理与路径研究：基于农村异质性的新视角［J］. 农业技术经济（8）：105-118.

钱静斐，陈秧分，2021. 典型发达国家农业信息化建设对我国农业"新基建"的启示

〔J〕. 科技管理研究，41（23）：174－180.

渠成，徐秋云，2023. 大数据赋能下张家口市农业高质量发展路径探究〔J〕. 广东蚕业，
　　57（2）：96－98.

全尤，2023. 数字技术赋能乡村产业振兴机理和路径研究〔J〕. 经济师（7）：7－10，41.

上官莉娜，魏楚珂，杜玉萍，2024. 数字素养促进农民参与乡村治理吗?：基于主观社会
　　经济地位和政治效能感的中介作用分析〔J〕. 湖南农业大学学报（社会科学版），25
　　（1）：54－63.

沈费伟，叶温馨，2021. 数字乡村建设：实现高质量乡村振兴的策略选择〔J〕. 南京农业
　　大学学报（社会科学版），21（5）：41－53.

施远涛. 共同富裕视角下数字乡村建设的内在逻辑与实现路径：以浙江省实践为例〔J〕.
　　山西农业大学学报（社会科学版），2022，21（5）：64－72.

宋晓琴，2023. 乡村振兴背景下甘肃数字乡村建设路径研究〔J〕. 甘肃农业（10）：
　　7－11.

苏岚岚，彭艳玲，2021. 数字化教育、数字素养与农民数字生活〔J〕. 华南农业大学学报
　　（社会科学版），20（3）：27－40.

唐文浩，2022. 数字技术驱动农业农村高质量发展：理论阐释与实践路径〔J〕. 南京农业
　　大学学报（社会科学版），22（2）：1－9.

田真平，谢印成，2023. 数字经济驱动下我国数字乡村的演进机理、动力机制与建设路
　　径〔J〕. 科技管理研究，43（10）：236－242.

涂明辉，谢德城，2021. 数字乡村建设的理论逻辑、地方探索与实现路径〔J〕. 农业考古
　　（6）：266－272.

汪传雷，刘新妍，汪涛，2012. 农业和农村信息资源开发利用法规政策演进研究〔J〕. 现
　　代情报，32（3）：32－36.

王春艳，2023. 发挥数字经济赋能优势　提振消费信心〔J〕. 中国市场监管研究（3）：40－
　　44.

王大庆，贾立源，2022. 擘画张家口数字经济新图景〔N〕. 张家口日报，11－22（4）.

王利敏，2022. 石家庄市数字乡村建设路径研究〔J〕. 河北农业（11）：39－42.

王利敏，2022. 河北省数字乡村建设面临的困境和对策〔J〕. 智慧农业导刊，2（1）：110－
　　112.

王胜，余娜，付锐，2021. 数字乡村建设：作用机理、现实挑战与实施策略 [J]. 改革
（4）：45－59.

王伟宏，2021. "智慧"赋能，崇礼交通将更便捷 [N]. 河北日报，09－02（5）.

王小林，2022. 以数字化助推农业现代化 [J]. 劳动经济研究，10（6）：11－15.

王艺. 欠发达地区农村数字鸿沟实证研究 [J]. 南方农机，2023，54（15）：123－125.

王映华，李静江，2023. 沽源聚链成势走出绿色产业生"金"路 [N]. 张家口日报，10－
30（1）.

王中伟，焦方义，2023. 数字乡村建设赋能农民农村共同富裕的实证检验 [J]. 云南民族
大学学报（哲学社会科学版），40（3）：100－110.

温涛，赵孝航，张林，2023. 数字乡村建设能助力城乡融合发展吗？ [J]. 农村经济
（11）：1－13.

吴风云，吴丽，丁俊仁，2024. 数字经济与乡村振兴质量的实证研究：以四川省2004—
2022年18个地级市面板数据为例 [J]. 西南农业学报（8）：1－14.

吴立凡，2020. 西部欠发达地区数字乡村建设的三个着力点 [J]. 人民论坛（8）：104－
105.

吴潇航，周鹏飞，李美宏，等，2024. 数字乡村建设驱动西部地区共同富裕：内在机理及
实证检验 [J]. 西北人口，45（2）：91－102.

武宵旭，任保平，2022. 数字经济背景下要素资源配置机制重塑的路径与政策调整 [J].
经济体制改革（2）：5－10.

武义青，2023. 文旅融合绿色发展 张家口首都"两区"建设实践篇：评专著《文旅融合
绿色发展研究报告（张家口篇）》[J]. 河北经贸大学学报（综合版），23（2）：96.

夏诗园，2022. 数字技术赋能乡村振兴："红利"与"鸿沟"[J]. 西部金融（8）：3－9.

夏显力，陈哲，张慧利，等，2019. 农业高质量发展：数字赋能与实现路径 [J]. 中国农
村经济（12）：2－15.

谢嘉豪，2023. 中国数字乡村统计测度与时空异质性分析 [D]. 海口：海南师范大学.

谢文帅，宋冬林，毕怡菲，2022. 中国数字乡村建设：内在机理、衔接机制与实践路径
[J]. 苏州大学学报（哲学社会科学版），43（2）：93－103.

徐旭初，2024. 数字乡村建设发展：现状、模式与对策 [J]. 新疆农垦经济（2）：1－7.

许爱英，郭明，2022. 走出"田园生金"振兴路 [N]. 河北经济日报，05－30（7）.

杨承佳，李忠祥．中国数字经济发展水平、区域差异及分布动态演进［J］．统计与决策，2023，39（9）：5-10．

杨东．后疫情时代数字经济理论和规制体系的重构：以竞争法为核心［J］．人民论坛·学术前沿，2020，（17）：48-57．

杨建仁，何芳健，王鹤，2023．信息化建设、数字经济与乡村振兴［J］．统计与决策，39（22）：51-56．

杨志玲，周露，2023．中国数字乡村治理的制度设计、实践困境与优化路径［J］．经济与管理，37（5）：16-23．

姚毓春，张嘉实，2023．数字经济赋能城乡融合发展：内在机理与实证检验［J］．哈尔滨商业大学学报（社会科学版）（2）：93-105．

易继承，卢青，吴攸，2024．中国区域数字乡村发展水平的统计测度［J］．统计与决策，40（11）：10-15．

易加斌，李霄，杨小平，等，2021．创新生态系统理论视角下的农业数字化转型：驱动因素、战略框架与实施路径［J］．农业经济问题（7）：101-116．

殷浩栋，霍鹏，汪三贵，2020．农业农村数字化转型：现实表征、影响机理与推进策略［J］．改革（12）：48-56．

尹博文，2022．数字政府优化乡村治理能力的双重困境、深层原因及法律应对［J］．现代经济探讨（11）：123-132．

张鸿，杜凯文，靳兵艳，2020．乡村振兴战略下数字乡村发展就绪度评价研究［J］．西安财经大学学报，33（1）：51-60．

张鸿，王璐，2023．西部地区数字乡村发展水平测度及推进路径［J］．华东经济管理，37（11）：70-78．

张军，杨倩云，2022．发展滞后区域乡村数字化空间的生产机制［J］．福建论坛（人文社会科学版）（8）：173-185．

张珊瑚，杨锦秀，曾建霞，2024．数字赋能何以提升返乡入乡人员的创业质量：基于赋能理论的阐述［J］．农村经济（1）：102-111．

张瑜，史世军，李振，2023．数字乡村"分层培优"发展模式和推进策略［J］．宏观经济管理（7）：62-68．

张园园，石健，2022．解码"最后一公里"：基于"行政控制与社会自主"的适配逻辑

［J］．公共管理学报，19（2）：82－92，170.

张岳，张博，周应恒，2023. 数字乡村建设对农民收入的影响：基于收入水平与收入结构的视角［J］．农林经济管理学报，22（3）：350－358.

张在一，毛学峰，2020."互联网＋"重塑中国农业：表征、机制与本质［J］．改革（7）：134－144.

赵晓峰，褚庆宜，2024. 数字平台赋能乡村治理的脱嵌形态及其重塑机制［J］．甘肃社会科学（1）：114－123.

赵雪芬，冯晓阳，2024. 以数字治理优化乡村治理的难点、要点与重点［J］．农业经济（6）：62－64.

郑永兰，周其鑫，2023. 内外耦合式发展：数字乡村建设的策略选择［J］．西北农林科技大学学报（社会科学版），23（5）：43－52.

郑志彬．欠发达地区体育公共服务供给的多重困境和改善策略研究［D］．长春：吉林大学，2021.

周兵，李艺，张弓，2023. 数字乡村建设赋能乡村振兴的影响机制与空间效应［J］．中国流通经济，37（7）：3－16.

周鹏飞，李美宏，2023. 数字乡村建设赋能农业经济韧性：影响机理与实证考察［J］．调研世界（9）：15－24.

朱红根，陈晖，2023. 中国数字乡村发展的水平测度、时空演变及推进路径［J］．农业经济问题（3）：21－33.

朱秋博，白军飞，彭超，等，2019. 信息化提升了农业生产率吗？［J］．中国农村经济（4）：22－40.

朱喜安，王慧聪，2023. 数字乡村赋能农民增收：效应与机制：基于县域的实证［J］．统计与决策，39（15）：136－141.

朱新武，梁海凤，2024. 数字技术赋能乡村治理现代化的内在逻辑、现实挑战与实践路径［J］．农村经济（7）：79－88.

朱奕帆，朱成全．数字乡村建设对农户共同富裕影响的实证检验［J］．技术经济，2023，42（8）：135－144.

图书在版编目（CIP）数据

欠发达地区数字乡村建设研究：以河北省张家口市为例 / 秦树文等著. -- 北京：中国农业出版社，2024. 12. -- ISBN 978-7-109-32968-3

Ⅰ. F327.223-39

中国国家版本馆 CIP 数据核字第 2024U3L227 号

中国农业出版社出版

地址：北京市朝阳区麦子店街 18 号楼

邮编：100125

责任编辑：郑　君　　文字编辑：张斗艳

版式设计：小荷博睿　　责任校对：吴丽婷

印刷：北京中兴印刷有限公司

版次：2024 年 12 月第 1 版

印次：2024 年 12 月北京第 1 次印刷

发行：新华书店北京发行所

开本：700mm×1000mm　1/16

印张：14

字数：165 千字

定价：68.00 元
